鈴木大拙 コロンビア大学セミナー講義

上

COLUMBIA UNIVERSITY SEMINAR LECTURES

重松宗育・常盤義伸 編訳

方丈堂出版
Octave

鈴木大拙　コロンビア大学セミナー講義

上巻　――一九五二年秋冬学期――

編訳
重松宗育・常盤義伸

DAISETZ TEITARO SUZUKI'S
COLUMBIA UNIVERSITY SEMINAR LECTURES

——Lectures for the Winter Term, 1952——

はじめに

あれは、二〇〇〇（平成十二）年十二月二十七日のことだった。

当時の文庫長、古田紹欽先生から呼び出しを受けて、私は静岡から鎌倉の松ヶ岡文庫へと足を運んだ。

案内された応接室のテーブルの上には、風呂敷に包まれた原稿の束が置かれていた。そして、ぽつりぽつり話される先生の横で、編集担当の伴　勝代さんが事情を説明してくれた。そこに置かれたものは、鈴木大拙がアメリカのコロンビア大学で行った講義のタイプ原稿で、それを本の形にしてほしい、ということであった。その時のことはあまり記憶に残っていないが、おそらくきちんとご返事できないままであったに違いない。

そして年末年始の行事に追われている私のもとに、再度の呼び出しがかかった。

一月十二日、私は、風呂敷から取り出された分厚いタイプ原稿に再び直面することになった。古田先生はさらに弱々しくなっておられた。残る時間の少ないことを自覚された先生が、最後の情熱を振り絞って語るお言葉には、伴さんの通訳が必要であったが、それはいわば遺言の重さを感じさせた。私にはお断りを選択する余地はなかった。師父から、古田先生にはかつて寺史の編纂でお世話になった、と聞いていたことも脳裏をよぎった。私は、何の自信も確信もないまま、「私に出来る限りのことをさせていただきます」とご返事するほかはなかった。そして古田先生は、その月末にこの世を後にされた。

このような次第で、私はこの仕事に携わることになったのである。

しかし、そのタイプ原稿を見た瞬間に、私はそれがきわめて重要な資料であることを即座に理解していた。かねてから私は、大拙の生涯の中でニューヨークのコロンビア大学で講義をした一九五〇年代に深い関心を抱いていたからである。

一九五一年と聞くと、英米文学研究者である禅僧の私には、すぐJ・D・サリンジャーの超ベストセラー、あの『ザ・キャッチャー・イン・ザ・ライ』が思い浮かぶ。そして、同じ年、その小説の舞台となったニューヨークには鈴木大拙がいて、ほぼ十年にわたるアメリカ滞在の最大の成果となったコロンビア大学での禅の講義が始まった、という歴史上の事実に思いが至る。禅に関心をもつあのサリンジャーと鈴木大拙とが、ニューヨークを中心に時空を共有していた——この偶然の一致は、私にとってきわめて興味深い出来事である。

当時のアメリカは、物質文明、機械文明のもたらした経済的繁栄を享受する一方で、チャップリンの「モダンタイムズ」に描かれたような多くの問題をはらんでいた。しかし、そんな矛盾に目を閉ざしてよしとする「フォーニー」な大人たちに対して、違和感を抱き反抗する若者たちが現れた。のちに日本で仏教伝道文化賞を受けたゲーリー・スナイダーをはじめとするビート世代や、さらに後に続く良質なヒッピーたちが、自然環境保護をめざすエコロジー運動など、カウンターカルチャーへの原動力となってゆく。ちなみに、スナイダーの進路を決定づけた大拙の書との出会いは、この一九五一年のことだった。

今も読み継がれている『ザ・キャッチャー・イン・ザ・ライ』は、こうした時代風潮を巧みに反映させた作品である。それが、大拙のコロンビア大学で活動を始めた一九五一年に出たことは、象徴的な面白さを感じさせる。

さらにサリンジャーは、続く五三年には、次の作品『ナイン・ストーリーズ』を出版した。この本の表紙をめくると、いきなり謎のような言葉が目に入る。

We know the sound of two hands clapping.
But what is the sound of one hand clapping?

—A ZEN KOAN

「片手の音は何か?」という白隠禅師の「隻手《せきしゅ》の音声《おんじょう》」の公案である。これを読んで、新たに禅への関心を抱き、少なくとも禅への好奇心をもった一般の読者は少なくなかったと思われる。

こうして、物質文明、機械文明、効率主義、高度管理社会への反発など当時のアメリカ社会が抱えていた課題と、それに呼応するかのように、それとは異なるもう一つの東洋的な生き方を鈴木大拙が説いたことが、次第に、のちに「禅ブーム」と呼ばれる現象につながっていったと言えよう。さらに、大拙の著書をすでに読み、知識としての禅に魅了されていた読者たちにとって、生きた禅者を目の前にするのは、まさに願ってもないチャンスと感じられただろう。考えてみれば、タイミングよくいくつかの要因が「西欧ゼン」の出発を後押ししていたことになる。

そののち、禅は西欧社会に広がり、世界の各地に着実に根づいていった。その歴史的経過を考えると、その出発点となった大拙のコロンビア大学セミナー講義は、いわば「西欧ゼン」の歴史的「ランドマーク」と呼ぶに値する……。

以上が、テーブルに置かれたタイプ原稿を初めて目の当たりにしたとき、瞬時に私の脳裏を駆けめぐったことである。そしてそれ以降、英文編集、日本語訳が完了するまでのいきさつについては「おわりに」に記すことにする。

さて、本書の特徴は、コロンビア大学客員教授としての鈴木大拙の、実際に授業で語った英文講義録の日本語訳という点にある。しかも、これが教授として行った最初期の講義の記録である。内容からして、当時、アメリカの学生たちに、これだけ高度な内容をもった授業が行われていたことには驚きを禁じ得ない。

はたしてどこまでその内容が理解されたかは、ただ想像するほかはない。しかし、大拙の講義が、その場限りの単発的な講演とは違って、一定の期間にわたって次週、次週へと続く授業だから、聴講者たちの心構えには一種の「安心感」のようなものがあったことだろう。「そこに骨をうずめる覚悟を見せないと、人は本当にはついてこないよ」とは、アメリカで活躍したある老師から聞いた言葉だが、「大拙先生がそばにいてくれる」という実感が、聴講者の心の中で、目に見えない力となって後押ししていたに違いない。そして、大拙の紹介する禅から、各自がそれぞれ新鮮な何かを受容し、自らの生き方や社会貢献に活かしていったことだろう。事実、音楽家のジョン・ケージや精神分析学者のエリッヒ・フロムをはじめ、様々な分野の優れた人々が聴講し、西欧への禅の紹介という大拙の悲願を受け継いでいった。

大拙は、ニューヨークに滞在する以前にすでに英文著書を数多く出版していたから、禅の専門用語はある程度英語に定着していた。それでも講義の中では、西欧社会への禅の紹介ということで心がけた、細かな配慮が垣間見られるのは興味深い。

たとえば、『無門関』第三則の有名な「倶胝竪指《ぐていじゅし》」の話《わ》など、日本では「少年が…一指を立てたとたん、倶胝はその指を切り落とした」と、文字通りに受け取り、ことさらに詮索することもない。しかし大拙は、西欧人相手の講義としてあえて注を付けている。「もちろん、たとえば食肉解体業者のように熟練した人でなければ、このように指を切り落とすことは不可能だろう。中国語の表現は語数が少ないので、いかにして切り落としたかは不明である。実際には、ただ指を傷つけたにすぎないのかもしれない」（本書上巻一三六頁《原注》六）。

おそらく授業中に学生から、「指を切り落とすなど野蛮な行為だ」という意見や疑問が出たに違いない。同様の問題をかかえる第十四則「南泉斬猫《ざんみょう》」の話《わ》など、R・H・ブライスも指摘しているが、西欧では不殺生のテーマに目が向き、公案としての肝心の趣旨からそれてしまう。それゆえに、解説に当たっては細心の注意が求められる。聴講する学生たちへのこうした配慮は散見され、比較文化のテーマとしても興味深いが、それは禅が西欧世界に広がってゆくための必要不可欠な過程である。

さらに、当時の多くの若者たちは、「ドラッグによって悟りは得られるか」に関心があったに違いないが、大拙はそれに答えるために見解を述べている。「この種の『無意識』の状態に至るのは、薬品、ドラッグによっても可能だが、しかし、最大の違いは、こうした人工的にもたらされた状態は悟り体験へとつながらないことである。」（本書上巻四二頁《原注》七）と。

ちなみに大拙の英文日記には、オルダス・ハックスリーの名が何度も登場する。ハックスリーは、一九三七年からカリフォルニアに定住したイギリス人作家だが、一九五四年にメスカリン服用による幻視体験を記録した『知覚の扉』を出版した。アメリカ滞在中の大拙が、禅や神秘主義に深い関心をもつこの作家と交友があったという事実は興味深い。

いずれにしても、八十歳を超えた晩年の大拙がニューヨークに腰を落ち着け、精力的に講義を続けた努力は限りなく尊い。大拙の生涯の中でも、D・T・スズキの業績として重要な一九五〇年代、ニューヨーク滞在時代の活動は、今後、さらに評価されるべきである。

大拙のコロンビア大学セミナー講義からすでに半世紀以上が過ぎ、今や禅は世界中に広まっている。海外において、禅はすでにいろんな分野で応用され、各地で、独自の新しい「ゼン」の歩みが始まっている。日本にも、まるで逆輸入かのように、スティーブ・ジョブズの仕事、セラピー、マインドフルネスなど、禅の思想や方法論を取り入れたと思われる考え方や技術が、いくつも海外から伝わってきている。

しかしながら、重要なことは、海外での「ゼン」が、単なる技術としてではなく、智慧と慈悲に基づく本物の禅に育ってゆき、真の意味で根づくことにある。そのためにも、「西欧ゼンの出発点」となった大拙のコロンビア大学セミナー講義の意義を、相応の敬意とともに再確認すべきであることは間違いない。

最後に日本語訳について。上巻（Ⅰ～Ⅳ）では筆者（重松）が担当し、下巻（Ⅴ～Ⅵ）では常盤義伸氏が担当した。それゆえ、訳文体は異なるがそれぞれを尊重することにした。上巻の講義については、「です」「ます」調としたが、これは大学での講義であり、授業だから、その雰囲気を残したいと考えたからである。下巻は「である」調とした。そして、分担はしたが意見交換により互いに修正をすませてあり、訳文については両者が連帯責任を負う。なお、「編者注」は、常盤氏の蘊蓄を傾けられた原案によるが、同様に責任を分かち合うものである。

二〇一七年九月

重松宗育

英文テキスト原稿について

表紙に“COLUMBIA UNIVERSITY SEMINARS 1952〜53”と記された松ヶ岡文庫所蔵のA4サイズ二八八枚のタイプ原稿は、次の六部に分けられている。Ⅰ・三二枚、Ⅱ・二七枚、Ⅲ・二四枚、Ⅳ・四八枚、Ⅴ・七二枚、Ⅵ・八五枚。この原稿には各所に§……§で区切られた挿入語句または文がある。一例を挙げれば、原稿Ⅰ・三枚目に執筆者は、次の一文を挿入している。

§これらの訳語を並べ上げて、八解脱の場合と同様に簡単な説明をしたが、それらを正確に書き記してここに書き加えることができなかった。§

別の箇所では、執筆者は原稿の対応箇所を改善するために採用すべき表現を提起する。

原稿Ⅴ・一二枚目に次の挿入文が見られる。

§私はしかし、ここでsoulよりも大文字Mで始まるMindを使う方がよいと信じる。

一九五二年、五三年の講義であなたはそう言っておられたではありませんか。§

著者にこれだけのことを言える人といえば、著者にごく親しいある人物以外には考えられない。またこの原稿中の著者自注が挙げる自著には、一九三五年出版のManual of Zen Buddhismだけでなく、一九五七年出版のMysticismも含まれている。さらにまた、タイプ原稿、“The Role of Buddhist Thought in the History of Far Eastern Culture”も挙がっているが、これは一九五七年三月十五日、翻訳出版のため著者のニューヨークの住所から日本に発送されたものである。

以上のことから、本書の基となったこのタイプ原稿は、著者以外の誰かが一九五七年ないしそれ以後に作成したものであることが知られる。

原稿は、その内容から、Ⅰ、Ⅱ、Ⅲ、Ⅳ（一三一枚）と、Ⅴ、Ⅵ（一五七枚）との二群に分けられる。第一群の原稿は一九五二年秋冬学期（この年の十月から翌五三年一月まで）になされた講義の記録で、「禅とは何か」という問題を取り上げており、第二群は一九五三年春学期（二月から五月まで）に行われたセミナーの記録で、そのうち、講義Ⅴは、漢文で現存する大乗仏教テキスト『大乗起信論』の宗教・哲学的な意味について、著者による独自の解釈を展開する。最後の第Ⅵは、その解釈に基づいて、さらに禅者の「本願」を解明するという独自の構想を展開する。

原稿全体を通じて英語の引用符号“……”の他に日本語の記号「……」が、英文の中にもかかわらずいくつかの語や文に、おそらくは強調の意味でつけられている。しかし、強調が重なりすぎると、その効果は薄れる。編者は、それら日本語用の記号をすべて削除することにした。

原稿に頻繁に現れる§……§で示される挿入箇所のうち、著者自身の説明と思われるものは、著者の自注に加えた。そのうち、適切な仕方で改善を求める挿入表現は、これを採用して、原稿の対応する表現と入れ替えた。しかし、引用箇所の多くは、あまりにも個人的な執筆者の関心を示していて、文脈から外れていると考えられたので、それらを除去した。

原稿には、上に言及したようにテキストの用語について批判的な説明文の挿入が見られる他に、いくつもの箇所で、脱字を示す少なからぬ空白部分や奇妙な綴り文字が見られた。

しかし、著者には、それらを是正される余裕がなかったようである。一九四九年以後海外で十年近くの年月を過ごされた事実を考えれば、やむを得ないことであった。何はともあれ、後日の出版を考えてこの原稿を保存する努力をしてこられた人々に、我々は感謝の意を表したい。

本文中の注記については、著者の自注は漢数字〔(一)(二)(三)……〕を用いて本文テキストの中、または各節ごとの終わりに置き、編者注〔アラビヤ数字(1)(2)(3)……〕は、セミナー講義(I〜VI)の直後に置く。[　]内は、著者の自注以外では、すべて編者の言葉を示す。〔編者注で引用箇所を示す表現として、例えば(T50, No. 2058, 311bc)とあるのは、『大正新脩大蔵経』第五〇巻、二〇五八番、三一一頁中下段を意味する。〕

日本人の姓名表記は、著者の時代以前の場合は習慣に従い、姓を先、名を後、たとえば今北洪川(IMAKITA Kōsen)のように表記し、現代人の場合は姓を大文字で表記した。

英文テキストで著者は、ウェード式を用いて中国語をローマ字表記しており、その方式をそのまま残したが、編者注ではピンイン方式を採用した。また、テキスト中の漢字の日本語読みも、著者の方式を残した。たとえば、Yejaku(慧寂)や Yeno(慧能)のように、慧（hui）の e を ye と表記し、また hongwan（本願）のように願（yuan）の gan を gwan とした。こうした発音が著者の時代には一般的だったからである。

編者注（常盤が原案を作成してテキスト確定の根拠とした）は、上記の通り、セミナー講義六群Ⅰ、Ⅱ、Ⅲ、Ⅳ、Ⅴ、Ⅵの各々の後にそれぞれ置く。

英文テキスト作成の校正作業には、マイケル・クイック氏（アメリカ・デューク大学博士課程在学）にお世話いただいた。深甚の謝意を表したい。

幸いなことに、『松ヶ岡文庫研究年報』第二七号所載の鈴木大拙英文日記一九五二年、一九五三年（桐田清秀氏編集）によって、米国ニューヨーク市、コロンビア大学での著者によるこの二年間の講義日程の詳細が確認できた。すなわち、

(1)　一九五二年春学期、二月七日から五月十五日まで、毎週火曜日と木曜日、午後五—六時、計二十八回、華厳思想についての講義がなされた。なお、著者がこの講義のために用意した覚え書き原稿の束が未編集のまま松ヶ岡文庫に保存されている。

(2)　一九五二年秋冬学期、十月三日から一九五三年一月十六日まで、毎週金曜日、午後四

時十分―六時、十三回のセミナーが開かれ、禅の経験に基づく思想への入門的な講義がなされた。その記録が上記タイプ原稿Ⅰ、Ⅱ、Ⅲ、Ⅳである。

(3) 一九五三年春学期、毎週金曜日午後五時十分―七時、二月十三日から五月十五日まで、十三回のセミナーが開かれ、禅思想の本格的な紹介がなされた。このうち、初め六回では『大乗起信論』の思想を踏まえて禅の覚りが論じられた。残り七回は、禅思想を本願の面から解明する試みがなされた。ともに、論究の過程において、具体例として禅者の問答がしばしば取り上げられ、ユニークな講義が展開された。これらは順次、タイプ原稿Ⅴ、Ⅵとして記録されている。

以上を踏まえて、上記タイプ原稿を講義日程に合わせて次のように区分し、それぞれに見出しを付して目次を作成した。

上巻

Ⅰ　三二枚　1（一―一一枚）、2―1（一一―一五枚）、2―2（一五―二二枚）、3（二二―三二枚）

Ⅱ　二七枚　1（三三―四二枚）、2―1（四二―四六枚）、2―2（四六―五〇枚）、

3（五〇―五九枚）

Ⅲ　二四枚　1（六〇―七二枚）、2（七二―八三枚）

Ⅳ　四八枚　1（八四―九四枚）、2（九四―一〇四枚）、3―1（一〇四―一〇七枚）、3―2（一〇七―一一三枚）、4―1（一一三―一一六枚）、4―2（一一六―一二二枚）、5―1（一二二―一二六枚）、5―2（一二六―一三二枚）

下巻

Ⅴ　七二枚　1（一三二―一四三枚）、2（一四三―一五六枚）、3―1（一五六―一六〇枚）、3―2（一六〇―一六八枚）、4（一六八―一七九枚）、5（一七九―一九一枚）、6（一九一―二〇三枚）

Ⅵ　八五枚　1（二〇四―二一五枚）、2（二一五―二二七枚）、3（二二七―二四一枚）、4（二四一―二五一枚）、5（二五一―二六三枚）、6（二六三―二七七枚）、7（二七七―二八八枚）

重松宗育
常盤義伸

目次

［編集部付記］

・本書は、二〇一六年三月三十日初版発行の『鈴木大拙　コロンビア大学セミナー講義』（公益財団法人松ヶ岡文庫叢書第五）を底本とした。

・底本は、英文とその日本語訳（編訳者＝重松宗育・常盤義伸）で構成されているが、本書は日本語訳のみを採録した。

・本書は上・下二冊本の分冊とし、その構成は［上巻］に底本のⅠからⅣ、［下巻］に同Ⅴ・Ⅵを収載した。

・底本の「編者まえがき」は、「英文テキスト原稿について」として本書の上・下巻ともに挿入した。

・底本の「編者あとがき」は、その前半部分に加筆したものを「はじめに」とし、後半部分に加筆したものを「おわりに」として本書の上・下巻ともに挿入した。（上別府茂、記）

講義Ｉ　禅・ブッダの体験

1　禅とは何か——ブッダの悟り体験と覚者《ブッダ》への道

まず、禅とは何かを、語源の面から検討しておきましょう。学術的には、禅はサンスクリット語の「ブッダフリダヤ」[1]、つまり「仏心」の教えです。一般的には、日本語の「禅《ぜん》」という言葉がよく用いられますが、これは、日本人が仏教各派のうち、この一派を西洋に紹介したからです。[2] 禅は、中国語の「禅那（チャンナ）」を省略して日本語化したもので、この中国語は、「瞑想」や「黙想」を意味するサンスクリット語「ディヤーナ」（定《じょう》）が起源です。[一] サンスクリット語の「ディヤーナ」の語幹は、「ドゥヒー」であり、これは「感受する」、「熟考する」、「心を何かに集中する」といった意味で、またこれは語源的には、

「保つ」、「維持する」、「保持する」という意味の「ドゥフリ」に関係あるかもしれません。宗教的な意味で使われるときは、「深遠また抽象的な宗教的瞑想」という定義が一般的です。しかし、本当は「抽象的」という表現は正しくありません。なぜなら、ある特定の主題について深遠な瞑想に沈潜すると、事実上、瞑想者は瞑想の主題と一体になり、その結果は、抽象的というよりむしろ具体的だからです。

一般的に、仏教では、この「ディヤーナ」を瞑想の四段階（四禅）に分類します。[3]

一、感覚の印象から心を自由にする。とくに物事の移ろいやすさ、その無常性についての瞑想による。この段階では、理性の一部、また自然や生命への一般的な観察力も残る。

二、心を一点に集中して、情緒的な喜びや安らぎを得る。まだ知性は残る。

三、情緒が清澄に変わり、喜びは残るが、心の集中は深まる。知性は直観、無差別、如（サッチネス）に変わる。

四、清澄が深まり、完全な精神の静寂、心の平静に至る。智慧、理解、「般若」の直観、全体性が残る。

こうした分類は、ほんの便宜的なもので、それぞれを区別する明快な定義はありません。一つの段階がどこで終わり、次の段階に入るのか明言できません。心の統一は実現が難しいが、この瞑想の段階が十分に達成されれば、心はさらに落ち着き、喜びに満ちます。喜びという情緒を超えると、知的な静寂が体験できますが、静寂を意識するのは、まだ完全な静寂に至っていない証拠でもあります。第四段階は、心が完全に清澄になった状態で「定」（ディヤーナ）そのものですが、禅はここにはありません。

仏教徒はまた、「解脱」（モークシャ）[4]を八つに分類します。これは、不浄はもとより清浄からも自由に解放される方法です。執着は人間的苦悩すべての根源で、ひとたび分析すれば、清らかなものや美しいものは何一つなく――花も、動物も、人間もみんな死んで朽ち果てる。解脱の最終段階は、消滅の状態で、そこではすべてが分析されつくし、一切の執着が消える。しかし、ここにもまた禅はありません。

「三昧《さんまい》」（サマーディ）という言葉はやっかいです。後で議論しますが、学者による十分な定義もできていません。[5]それでも中国人は、この言葉を理解しようと七種類の類語を当てています。[(二)(6)]それを見れば、「三昧」と禅とが最終的にどこが違うか分かります。実際、この七種類以上にいくらでも増やせるでしょう。「三昧」は様々に定義できるからです。これらの定義はどれも可とすべきですが、禅はどれにも当てはまらないし、ここに禅の本質はありません。しかしながら、こうしたことが十分に分かれば、禅理解への第一歩は踏み出したものと言えます。

哲学とか禅哲学とか言っても、禅は哲学的ではないし、禅哲学を語るのは、ちょうど禅ではないものについて語るのに似ています。ある意味で、禅は反哲学的であり、禅は哲学とは無関係です。しかしながら、人間の営みの関わるところには禅が関わっており、その点で、禅は哲学に異を唱えないのです。ただこれだけは忘れてはなりません。哲学的禅が構築されたときには、禅そのものは抜け落ちていること、禅は哲学化を超えたものだということです。

禅が一般的な意味での哲学ではないように、禅は、ふつうに理解されているような宗教でもありません。禅は体験です。体験だからこそ、禅を哲学また宗教として扱うには、どうしてもこの体験に基づかねばならないのです。(三)

哲学的な基盤なしには、禅の何たるかはまったく知りえない。しかし哲学だけでは禅体験ではないのです。哲学だけなら、それは人間活動の別の分野であって、禅体験にはまったく関わってきません。それがいかに精密な哲学であっても、体験を欠いていたら、単なる空念仏にすぎません。もし哲学者が空念仏に満足するなら、それはそれで結構ですが、禅には何も言うべきことはないのです。しかし、どうして哲学は生命そのものと直結しないのか。哲学と禅哲学との違いは、禅哲学が何としても経験に基づかねばならないことです。決して、抽象的な言葉による単なる知的営みではありえないのです。

禅哲学では、その哲学がどこから来たか、常にその根源に着目しています。キリスト教では神学と哲学に違いがあり、神学は信仰に基づいています。禅はキリスト教のような神という基盤をもちませんが、別の形で神に近づくとも言えます。禅哲学がキリスト教神学に類似しているのは、体験と信仰がある程度対応しているからです。キリスト教の信仰は、日常経験の外側から来るので、知性や感覚でとらえるのは不可能だと考えられます。しかし、禅の思想家たちは、こう考えます。信仰とは一種の体験でなくてはならない。さもなければ確実性に欠ける。自分がどこを歩いているのかについて、不確実ではなく絶対的な確信に至る体験、こうした体験こそ禅の哲学の根底をなすものだ、と。哲学と禅哲学に共通の問題の一つは、実際にあるがままの実在ということです。禅が理解する意味での「自己」（セルフ）が「実在」であり、心理学的にも、形而上学的にも、「実在」は「自己」なのです。一方が理解できれば、他方も理解できるでしょう。

禅がインドに始まった当時、すべてのインド人たちは、生と死の輪廻から逃れることを願っていました。「生と死」――「生死」と一気に言ったほうがいいのですが――からの解脱という問題から、「自己」すなわち「アートマン」とは何か、という問いへ向かう――これがブッダの求道の始まりでした。ブッダはこう考えます。もしアートマンをとらえられたら、アートマンとは何かが分かり、生成と存在、生死が理解できる、と。もしアートマンを把握できたら、生死輪廻から逃れるという最も重要な問題がほぼ解決される。こうブッダは信じたのです。

初期の段階では、インドの哲学者たちは皆、アートマンは手でつかめる物体か、知的要求に対応できる何か、と仮定していました。その後、ブッダはアートマンを体験しました。そのときブッダは、アートマンがこうしたものではなく――感覚の対象物でも、知的概念でもないと気がついたのです。ただし、私たちが話すときには言葉を使わねばなりません。

話すには、アートマンを一つの概念として扱わざるを得ませんが、やはり体験は別のものです。実際、悟りという体験を表現するのは難しく、言葉を使う代わりに、その体験を可能なものにする必要があります。なぜなら、禅哲学の由来も、禅そのものの由来も、まさにこの体験にあるからです。

悟りは、事実上、仏教の教義全体の根底をなしています。「小さな乗り物」の小乗仏教も、「大きな乗り物」の大乗仏教も、年代はさておき、同じです。後の仏教徒たちは考えました。初期仏教の教義は衆生を乗せて生死・輪廻の流れを渡るには十分な大きさでない、と。生命あるもの、ないもの、すべて共に最終的に悟りに至る運命なのだから、「小さい」乗り物よりも「大きい」乗り物の方がよい、というわけです。しかし、小乗も大乗も、ともに悟りが根底となるのは、「ブッダ」の意味が「悟った人」であり、仏教は必然的に悟りの教えが第一だからです。悟りがずっと最重要視されてきているのは、ブッダその人に悟りの体験があったからです。もちろんそのブッダも、悟りを得るまではブッダではありません。この体験によって初めて、ゴータマ・シッダールタが、ブッダ、つまり「悟った人」になったのです。仏教を理解するには、悟りとは何かを知らねばなりません。悟りが分かれば、他の教理はすべて拒否してよいかもしれません。このように、悟りは、十分にまた完璧に理解しなければならない第一のテーマであると解釈すべきなのです。

それゆえ、禅や禅哲学の理解は、ゴータマ・シッダールタの悟り体験を理解することから始まります。インドの通説では、このブッダは、ほかの先人たち同様、自分自身のために——無限の時間の中において、無数の輪廻転生の中での修行を通して——覚醒を求める人間でしたが、その願いは「すべての存在」つまり「サルヴァ・サットヴァ」を覚醒、悟りへと誘うことでした。この「サルヴァ・サットヴァ」は仏教の専門用語ですが、「すべてであるもの」、「すべて存在するもの」という意味で、それには、生命あるもの、ないもの、すべてが含まれます。すべての人間、すべての動物、すべての植物、すべての川、すべての岩、すべての山、この本のこの頁と紙の上のインクを構成するすべてのもの、宇宙のすべての原子、どれもが含まれています。

ゴータマは、同時代の他のインド人たちと同様に、生死輪廻から自分自身を解脱させようと試みました。しかしながら、ブッダは、他の人々と違って、伝統的な解脱の方法に満足できなかったのです。ブッダは十九歳か、二十九歳で出家しました。(四) それは、アーラーラ・カーラーマとウッダカ・ラーマプッタに学ぶためです。この二人は、正統的サーンキャ学派の有名な教師で、二元的存在論を説いていました。ブッダは、これら二人の師のもとに二年いましたが、結局、二元論では自分の求めるものに満足な解答が得られないことに気がついたのです。二つがあるところには、一方が他方を支配するということが起こる。相互に支配しあい、条件を付けあい、拘束しあい、制約しあう以上、いかなる意味での自由もありえないのです。ブッダは、このやり方では、生死輪廻から脱却し、解放され、自由になることなど不可能だと気づいたのです。

今日の私たちにとって、自由というものに多かれ少なかれ否定的なイメージがあるのは、何かからの自由と理解するからです(五)。しかしながら、ブッダにとってそれは肯定的なものでした。自己自身の内の自由、自己の道理としての自由であって、自己の外なる一切の束縛からの自由ではなかったからです。この区別は明確にすべきだと私は思います。有限に対立する無限というと、まったく自然に、無限を否定的な言葉と考えがちなのは、私たちが感覚に拘束されているからです。無限は有限なるものの否定ですが、有限なものという概念そのものが無限の概念に基づいています。無限を肯定的に受け取ることが、私たちに有限なものからの自由を渇望させるのです。無限を意識しようと思ったときには、すでにそこに有限があり、初めてそれを意識するのです。自由でありたいと望むことは、実際上、有限なものからの自由を望むことです。しかし無意識のうちに、事実、私たちの内にはすでに無限が秘められているのです。私たちの課題は、意識の根底に深く潜むこの無限を掘り当てること、無限を意識的に探求することで有限な概念を捨てることに尽きます。とはいえ、私たちはこの有限に四方八方から取り囲まれているので、無限の世界へ入ろうとしても、有限に妨げられてこの垣根を突破する方法が見つからず、途方に暮れるばかりです。ここにすべての困惑の原因があるのです。

ブッダは、探求を始めたとき、古い伝統的なやり方、つまり知的方法を選択しました。知性は両刃の剣で、それ自体は有益であっても、使い方を誤れば有害なものに変わります。その最大の特徴は、実在を、主体と客体、見るものと見られるものとに二分することです。知性が働く限りそこには、常に二分がつきまとう。知性は、自律性をもつことも自由となることも決してできません、決して。ブッダがはっきり見てとったのは、自分がその中にすっかり巻き込まれている宇宙的謎を解く鍵は知性にはない、ということでした。

　次にブッダが向かったのは、道徳律を禁欲的に訓練することでした。我欲の衝動を制御し、それを理想的生活に合わせせようとしたのです。ふつう私たちはこう考えます。本質に迫ることも、真理自体を把握することもできない理由は、自我《エゴ》の衝動があまりに強くてそれに屈服してしまい、内なる最高善がその裏に隠れてしまうからだ、と。こうした自我の衝動は、肉体的存在面の強調に起因する、というのが一般的な結論です。だから、この肉体的存在を最大限に制御できれば、本来もっている道徳観が自らの力を発揮できるかもしれない、と考えるのです。当時は、肉体の力を弱めることが道徳的訓練となると考えられていました。もし肉体がいわゆる道徳観に従属するならば、いわゆる最高善を実現できるかもしれない、というのです。これは物質主義的な見方で、私たちが住む現実の世界を物質的なものと認識する感覚から来るものです。しかし物質が決定的な言葉ではないし、道徳も、知性と同じく相対的な平面にあって、悟りへとはつながりません。知性の場合と同様、禁欲主義もまた、ブッダの身体をただ衰弱させるだけでした。現に生きている自分という存在を省みると、私たちの日常生活は、結局、自分自身の心、自分自身の考えによって支配されていることに気づきます。無限の存在は肉体の感覚ではつかめず、私たちは感覚を通して有限な世界を体験するだけです。それでも、私たちは、物質界に無限という観念を持ち込み、有限な存在にその本質的なありようを露呈させることはできます。しかしながら、そのように肉体の力を弱めたとしても、必ずしも自我を弱めることにはならない。なぜなら、自我は、物質的存在を究極とみなす考え方に由来するからです。

ブッダの肉体は、すっかり衰弱し立ち上がることができなくなっても、自己主張の意欲はまだ健在でした。そして、健康な力をすっかり失い、その結果、道徳的訓練を自分の求める答えに結びつけるのは無理だと気づきました。そして、たとえ肉体が死を迎えても、欲求が残る限り、別の形の肉体的存在が後に続くだろうと気がついたのです。肉体の力を弱めることは、自分の存在を脅かすだけで、自分自身を自由に解放できないと分かり、この肉体は必要なものだと知ったのです。それゆえ問題は、自分という存在を守りながら、同時に存在から自由になることなのです。この矛盾、この逆説は、矛盾を離れた、または矛盾の裏にある何かによって解決されねばならないのです。

もちろん、当時のブッダがこうしたことを推論したわけではありません。相変わらず、自分の苦行の目的を知的に追求していました。この矛盾がそのまま残っていたのは、彼がまだ思考の平面にあって、主体と客体の二元的思考に陥っていたからです。いかにして、生の営みを続けながらそれに支配されずにおれるか。いかにして、生の営みの中にありながらその外におれるか。いかに生死の束縛から自由になるか。いかにして実在そのものを把握するか。こうした問いを心の内にもっているあいだ、ブッダは決してその解決には至れなかった。それは、その問いがブッダを自分自身から分離したからです。その疑問は、ブッダの目前に立ちはだかり、こうしたやり方では決して問題を解決できなかったのです。問題も疑問も、自己存在から出たからには、解決は自己存在の中にあるに違いないのです。

問いと問う人とが分離しているあいだは、知的な解答しか可能にならず、こうした答えは必然的に矛盾に終わります。このように自己を、問いと問う人、主体と客体とに分離することは、こうした種類の問いでは不可能です。賢明にも知性は、存在の深奥への探求というこの問題を提示しはしても、その問いを抱えさせたままにしておく残酷なガイドにすぎず、存在の深底まで導く力はもたないのです。知性は、自らの働きを切り捨てていることを自覚せず、まるで知性が究極であるかのように、知性に依存することを要求します。しかし、この問いに答える唯一の方法は、この問いが出てきた根源まで足を運ぶことです。

まずは知性によって、日常的な物事の裏にある何かに、無意識のうちに気がつきます。問いは、意識されない限り、問いにはなりません。しかし知性の役目は、その問いを引き出すことだけだから、その知性を超えて、私たちは、答えを求めて分け入らねばならないのです。その問いが省みることを可能にするのだから、知性はそれほど重要なものです。私たちは、問いを抱き、答えをどこか他のところに期待します。しかし、その答えはその問いの出てきたところにあるに違いないのです。ゴータマと呼ばれたその人、まさにゴータマ自身がその答えであるに違いない。問いはゴータマから出てきて、問いが問いを見て、問いがゴータマに答えを求めている。ブッダの抱いたのはこの問いであり、それは問う人から分離できないし、他に解決の方法はありません。

しかし問う人は、いかにしてその問いを問うことになったか。問うことが可能なのは、問う人が、実在また自身から自分自身を分離するときだけです。問うことは人間のみに与えられた特権です。動物は問いをもたず、動物自身が実在であり、実在から分離されることがないのです。この時点で禅僧たちは尋ねます。「すべてのブッダや祖師たちの師は誰か。これらの悟った人たちは、どこで教える権威を得るのか」と。そして、自らの問いに答えます。「犬や猫から」と。[7] もちろん、これは宗教の視点からして、きわめて冒瀆的な答えであり、常識からするとまったく罰当たりなものです。しかし、問題は、問いを発したことにあります。私たちは人間の特権を使い、そして苦しみ、動物たちが自分たちの師であると知るのです。そして、結局は、自分自身が自分の師であると判断するのです。また、どうして自分たち自身を実在から引き離し、それゆえ自ら苦悩するのかを知るのです。後になって振り返り、こうした問いを抱くに至る流れが分かると、その体験中は生死の一大事だったのに、むしろ自分自身がおかしく感じられます。人生はまさに思考にほかならない。人間の特権は、苦しみ、また楽しみ、幸せを感じたり、不幸を嘆いたりで、これは動物にはないものです。

《原注》

（一）　実際上、厳密には「ディヤーナ」は瞑想ではないが、おおざっぱに共通の言葉として使ってよいだろう。瞑想よりもっと深い精神統一であり、その修行である。これについては、英文拙著『禅宗入門』九六、一〇〇頁、同『エッセイズ第二集』三〇五頁、同『禅の研究』三八頁参照。[四禅] については同『楞伽経研究』三六七頁、慧能の解釈は同『エッセイズ第三集』三三頁。ウィリアム・バレット著、英文『禅仏教』(ニューヨーク、ダブルデイ、一九五六年)、一六七、一七九頁参照。

(二)「八解脱」の場合と同様に、これらを一覧にして簡単に論じたが、どれも十分に厳密に論じられなかったので、ここでは扱わない。

(三)ここに、筆者の宗教についての定義または理解は、それが実在の探求、研究、および体験であることを記しておきたい。この意味ではもちろん禅は何よりも抜きんでて一つの宗教である。

(四)このような歴史的事実関係は、この講義では扱わない。

(五)自由については、「中国仏教における知の自由」の中である程度詳しく扱った。『中道』三(一九五六年)、一二―一八頁参照。

2―1 ブッダの体験――答えは、問いと一体になるとき訪れる

分離が必要なのは、問いを発するときのみで、その後は答えから遠ざかる一方です。答えを得るためには、問いと問う人とが一体にならねばなりません。一体となれば、答えがやって来て、問いは自ずから解決する。これが仏教徒の立場です。縛られている者と縛る者が別だと考える限り、私たちは分離によって苦しめられます。縛る者に出会えばその問

いは解かれ、問う人も問いの外に立つのをやめます。物事のまさにその出発点へ戻る。この世界の創造以前に戻れば、論理的抽象化なしに自分の体験の中で物事は可能になります。論理が役立つのは、その問いが解けた後であって、それ以前の、知性により得られた答えは本物ではありません。それゆえ、仏教徒は、答えを得るための体験をひたすら強調するのです。ブッダの体験が結論として証明しているのは、答えが知力や道徳的訓練だけでは得られないということです。

問いは、まさに主体と客体の分離への問いであって、本当の答えが見出せるのは、問いと問う人とが一体となるその原点においてです。ふつう、問いと答えとは別のものですが、禅哲学者にとっては、問うことは答えることと同じなのです。問う人自身の外側に神を見つけようとしても、そこに神を見ることは絶対にできないので、そこで禅匠は弟子に問います。「お前さんは誰だい」と。もし「キリストは私たちを救ってくれますか」と問われれば、禅匠は「お前さんはまだ救われていないな」と答えるでしょう。常識的には、これでは答えになりませんが、しかし、救われていないからこそ問いが放たれるのです。「ブッダは本当に悟ったのですか」とか「悟りとはどんなものでしょうか」といった問いに、禅匠はこう答えるでしょう。「いま、この瞬間に、お前さんはどこにおるかね」

　また、ビンの中にガチョウを飼っている人がいた。ガチョウは大きくなったが、ビンの大きさは変わらない。ガチョウは外へ出たがるが、どうしたらビンをこわさずに出られるか——こうした状況に置かれているのは、まさに私たちです。そして私たちの誰もが、外へ出たがる何かをもっています。禅匠が「おい、お前さん」と呼ぶと、すかさずその僧が「はい、私はここにおります」と答えた。禅匠は叫んだ。「それ、ガチョウが出たぞ」と。縛る者は、解き放つ者であり、救う者であり、私たち自身なのですが、なかなかこの肝心なところが分からなくて、私たちはいつまでも問いを繰り返すのです。これが、禅のもつ最も実用的な側面です。私たち一人ひとりが気づかなければならないのは、哲学的考察というものは決して結論に到達しないことです。誰の役にも立ちません。ただし今日、私たちは、こうした議論をみんな好んでいて、それがある面で役に立っているとも言えます。ともかく、問いが出ない限り答えが出ることはないからです。

　これがブッダの体験でした。答えが出たのは、自分自身が問いと一体になったときでした。ブッダは、もはや自身から分離することがなくなったとき、悟りを体験したのです。

すでにお話しした通り、ある日、ブッダは、身体がすっかり弱り、立っている力もなくなって、こう考えた。「もし私が死ねば、誰がこの問いを解こうか」と。そして、ブッダは、自分の探求を続けるために、食物をとり始めたのです。すでに二度の失敗を経験しており、今や何をしたらよいのか分からなかったものの、解決を求める衝動はさらに強まった。知性と道徳的訓練というインドの二つのやり方は、どちらも役立たなかった。

そこでブッダは、無意識に本性――何の解決も必要としない本性に訴えました。無意識のうちに、ブッダは自己の全存在を問いの中へ投げ込みました。その結果、ついに問いそのものとなり、分解できない何ものかになりきったのです。何をすべきか分からないまま、ブッダの全人格は問いそのものに入り込んで、ブッダの全存在と問いとが一体となった。ブッダは問いとなり、問いがブッダとなった。この一体化、つまり「三昧」の状態から、意識が爆発して現れ出た。これは不思議なことで、事実としてそれが起こると言うほかはありません。それが起こるから起こる。まさに事実なのです。問いと問う人とが一体となるとき、そこに意識はないと言えるでしょう。この一体の状態がどれほど続くものか、一瞬なのか、一時間なのか、あるいは何日なのかも分かりません。そして、突如、悟りの体験が起こるのです。

めいめいが確認すべきことは、こうした体験が、自分の中で実際にどのように起こるのか、です。もちろん、外側の視点からは、様々な疑問がわいてきます。どのようにしてこの悟りが一体化や無意識から出てくるのか。事実として、この悟りは、いわゆる宇宙的無意識から生まれるものであって、それは問いと問う人との分離がない状態です。この無意識の発現は、記憶や回想の一種と考えられるかもしれないが、事実はそうではありません。

さて、ブッダは、こういう最後の溝に押し込められた状態にあり、いかにそこから脱出するか、途方に暮れました。すでにお話しした通り、「三昧」とは、求めることのなくなった心の状態の呼び名です。ブッダは、どこに向かって求めたらよいのか分からず、ただ困惑するだけでした。どんな形であれ求めることなく、道徳的訓練もなく、ただ何をすべきか分からなかった。これがまさに「三昧」として知られている状態です。(六)

ヨガ行者は、こうした精神的平静、無関心、静穏(沈着)、統一、一体、同一、不二、非二元的思考、といった状態に入ってゆこうとします。しかし、ふつうのヨガ行者は、この精神状態を人為的に作り出そうとします。心が一つのものに集中すると、たとえば、水晶占いやアルファベットの最初の文字を凝視するときのように、集中の結果、頭の中がすっかり空になった状態に至ると、残るのはただ一つの対象となります。そして、このただ一つの対象が意識から消えると、無意識との融合が始まります。心理学的に見ると、意識が一掃されて何も残らない状態です。

《原注》

（六）　仏教における「禅定」とは、その最終段階において次の「三昧」へと成熟してゆく過程であり、三昧に至って主体と客体とが一体になり、文字通り、完全に融合し、また、統一される。禅定（ディヤーナ）と三昧（サマーディ）とのさらなる比較は『エッセイズ第一集』八〇―八三頁参照。

2―2　一体の成就

――問いも問う人もなく、しかも同時に問いと問う人である

しかしながら、ブッダの場合、「三昧」に到達したのは人為的な経験の結果ではなく、

ただ、この穴に追い詰められたからなのです。ブッダはただそこへ押し込まれただけであって、この状態に至る人為的な方法によったのではありません。この存在を乗り超えたい、また客体と主体に分離する前の状態に戻したいという欲求の結果であり、何とかして生死を超えたいと、きわめて強烈に感じた衝動の結果なのです。あまりにも強い衝動だったので、ブッダは自身の衝動をもてあました。前にも進めず、後ろにも戻れず、そのままでいることもできなかった。その結果は、ふつうのヨガ行者が人為的に作り出す心の状態ときわめて似たものでした。しかし、強調すべきことは、ブッダの側にあらかじめ意図したことは何もなく、ただその状態になったという点です(七)。もし、完全な一体化がブッダの場合のように起これば、それは本物の「三昧」であって、悟りへとつながるでしょう。もしその一体化が完全でなければ、それは本物の「三昧」ではなく、実際、どんな展開もありません。

ブッダは、心の平静なこの状態、「三昧」にあって目を上げたとき、たまたま明けの明星を見ました。

こうした感覚体験は起こりえます。後で触れますが、香厳《きょうげん》は小石が竹に当たった音を聞き[8—1]、また羅漢和尚は日の出を見ました[8—2]。「三昧」の完全な無意識から心を覚醒するには、何か感覚への刺激が必要だと思われます。この刺激は、いわば波が静かな大洋上に起こるように仕向けるのです。ほんのわずかな変化が起こりますが、たとえその変化がどれほど小さくても、それは心の、意識の、全局面を変えるのです。これがブッダの体験だったと伝えられています。このことが歴史的に真実だったか否かは、たいした問題ではなく、後の仏教徒がこのような体験をして、ブッダの体験と同じだと類推したことが分かります。私の考えでは、歴史や歴史的事実はあまり問題ではなく、こうした体験的事実こそ、歴史的事実よりもっと真実だと思うのです。

ブッダが明けの明星を見たとき、その光線が目に入った。その刺激が神経を伝わって、意識の中枢へと行き、完璧に静寂の大洋にさざなみを引き起こしたのです。

この現象が起こることで、全体のバランスがひっくり返った。たぶん、この「ひっくり返った」という表現はあまりよくありませんが、心理的には、覚醒がブッダの中に起こったのです。それにより、ブッダが解脱を求め始めてから苦しみ続けてきた疑問が、すべて氷解したのです。この覚醒は、知的に解釈すれば、問いと問う人とが同一となった状態で、心理学的には、目覚めであり、自覚であり、また心の静寂の消滅と呼べるでしょう。知的には、それは問いと問う人、客体と主体との一体化であり、完全な同一であり、二分化が完全に払拭されることです。この払拭が起こると、多くの人は、それが無をもたらすと考えます。しかし、もし無が残ると、それは無ならぬ何かと対立することになります。これでは、二分化はそこに残ったままとなり、永遠に同じことが繰り返されるだけです。これでは何にもなりません。

それゆえ、すべて二分化が消えると、一種の接続あるいは連結——適切な用語ではありませんが——主体と客体とのあいだに、ブッダがそれまで体験したことのない一種の結びつきが今や感受されるのです。この多様性の世界はそのまま残り、ものごとは存在の多様性の中で元通りに残って、しかも統一があり、それが体験されるのです。しかしながら、統一——これもよい用語とは言えないのは、統一にはそれ以前の二元論的思考があって、それは必然的に本来の多様性を前提とするからです。むしろ、この多様性は同質性、同一性の中に見られます。一は多であり、多は一である。しかしこの一は、多から抽象できないものです。多はそのままに残り、しかもそこに一がある。あなたはあなた、私は私、それでいて、あなたは私、私はあなたであって、私たちは別の存在ではない。こうした意味での統一を取り上げると、それはすべての多様な対象からの抽象の一種だと思えるかもしれません。それがふつうの推論の仕方です。しかしながら、この直観的体験においては、こんなことは決して起こりません。

ブッダがこの「意識状態」に至ったときには、ブッダも問いもすっかり消え失せました。問いでもなく、問うその人でもない、それでいて同時に問いであり、問うその人であるという何か――それがブッダの直観したものです。

これを言葉で表現するのは困難です。言葉は、人類が最初に意識に気づいたときから発達したと思いますが、感覚を通して得たことを伝達するためのものです。主体・客体の世界は、すべての言葉の土台、つまり私たちの基本的体験のものです。言葉はそれなりに大いに役立つものですが、ただそれにこだわりすぎると、言葉の役割を批判的に理解することを忘れてしまいます。深い内的体験を言葉が表現しそこなうのは、言葉や概念が感覚を扱うために発明されたからです。私たちは、言葉から道具をつくり、感覚的な体験全体を道具に変えます。それから、この道具の力によってさらに何か別のもの、何かそれを超えたもののを達成しようとします。人生そのものが知的に分析されるとき、私たちはこの人生を守ってゆくために言葉を用います。生死を分かつ急流の谷間に、つまり人生の意味自体に、身を投じたりはしない。私たちが歩くのは、歩くこと自体より、健康のためであり、目的地に行くためです。生きることも無目的ではないし、漫然と生きているのでもない。何かを達成したり、欲求を実現したりといったことのために生きています。それでもなお、人生そのものやその意義は、欲求の対象にできないのです。

あるとき長沙景岑《ちょうしゃけいじん》が、山中での散歩を終えて寺に戻ると、主な弟子が尋ねた。「どこへお出掛けになったのですか」

師匠が答える、「行きは、山道をおおっている緑の草に気がついた」と。この師はただこの緑の草を感じ取っていただけです。さらに「帰りは、道にいっぱい落ちている花のあとを追って歩いてきた」と。(9) 彼は、自分がある場所へ出かけた目的についても、どこへ行ってきたかについても、何ら答えていません。この散歩には表面的な目的がまったく欠けており、ただ歩き、ただ散歩を楽しんだのです。

これでは、多かれ少なかれ動物と同じじゃないか、と皆さん思われるかもしれません。

ふつう人生は何か達成すべき目的をもつものです。みんな、せかせかと急ぎ、またせかせか急がせるものを発明し、生きることから離れている。そして生きることが、何かの達成目標に向かう願望の奴隷となるのです。そして、一つが達成されるとまた次のことが待ち構えている。一生涯をあたふたと過ごし、人生の一瞬一瞬を楽しむことがない。言葉それ自体も誠にすばらしいものです。しかし本物の悟りは、自覚が生ずるときに起こるものです。たとえば、ブッダが明けの明星を目にしたときのように、星の光が感覚器官を刺激し、神経がそれを神経中枢に送り、それから、まだ未解明の何か、それを超えた意識の中枢とでもいうべきところへと伝達するわけです。

ブッダは悟りの体験に深く沈潜して、『普曜経』によれば七日間、その状態にいました[10]。これではいささか長すぎ、たぶん一両日のことでしょうが、今はどちらもよしとしましょう。経の描くところでは、ブッダは、天上の星すべてが、あらゆる方向に無限に広がる大洋の、その表面を映していると感じたそうです。この多様性の世界がブッダの意識の中に影や映像を投げかけたように、すべての星もまた広がっていったのです。

これは、ある意味で完全な受動の状態であったと言えましょう。主体が客体に直面するとき、主体は常に主体そのものを意識している。主体は、主体と客体とのその出会いを意識するが、主体が大洋——静かで無限に広がる——を、じっくりと思い浮かべるこの状態にあるとき、ブッダの側には能動の意識はまったくありません。この境涯をブッダは体験したのです。そして、この体験を経た者は誰でもそれが完全な受動の状態だと知っている。星がそこにあり、大洋がそこにあり、両者は一体、不二でありながら別々のものである。また主体は、客体を、自分からも相互からも分離したものと意識して見ることはない。主体と客体は二つでありながら同時に一体である。もちろんこんな不思議な体験も、様々な形で、様々な人々にも起こりうるでしょう。

悟りとは、この純粋体験を体験することであり、これはすべての通常の体験を貫いています。[11] ただ、理解すべきことは、この純粋体験は特殊な例として体験するようなものではない点です。しかも、純粋体験はすべて個々の体験の中にある。あるいはこう言ったほうがよいでしょう、通常の体験は、実際上、純粋体験と切り離せないものだ、と。個々の体験は、実際、純粋体験の結果なのです。しかし、私がこう言うと、皆さんはきっと思うでしょう。純粋体験が個々の体験の外にあって、その純粋体験を個々の体験に転換するのだと。

確かに、純粋体験は概念化されると通常の体験になります。しかし、禅の哲学者は、この純粋体験を体験自体として、通常の体験から抽出できないものとして扱います。もし抽出されたらそれは概念となり、私たちはそれを通常の体験とみなします。すでに述べた通り、この純粋体験はほかの体験を貫いているから、通常の体験を通して体験せねばなりません。もしどのようにしてかと問えば、それがすでに抽象化です。純粋体験は決して知的には把握できず、取り出しても何も起こらないのです。それ自体で働くとき、それは絶え間なく機能しており、それが働いているとき、放置しているとき、それはそこで機能し、活動しています。禅哲学の出発点はこの純粋体験で、それが働き、絶えず機能しているときのみ体験し理解することが可能なのです。現代人は、この純粋体験をもたず、ものごとを知識化したがります。古代人は、自分自身の体験を率直に表現、というよりむしろ音声に託しましたが、当然、私たちもそこへ戻る必要がありましょう。この純粋体験が本当に理解できたら――この講義を進めるあいだにそれが可能になるよう期待しますが――禅僧や禅匠が交わす問答がすべて明快なものになることでしょう。

《原注》

（七）この種の「無意識」の状態に至るのは、薬品、ドラッグによっても可能だが、しかし、最大の違いは、こうした人工的にもたらされた状態は悟り体験へとつながらないことである。このような「静止」の状態だけでは十分でなく、それは単に準備段階、必要条件にすぎない。準備というより準備的な「現象」は自然に起こりうるが、それが突然、悟り体験へと深まるとは限らないからである。ブッダの場合は、その状態がまったく自然に、なるがままに展開していった。

3–1　ブッダの純粋体験と梵天《ブラーフマ》の助言

伝説によれば、覚醒体験のあと、ブッダは七日間、自分の体験内容を反芻したということです。ブッダは、自分の悟りの体験を他人に理解してもらうのは難しいと分かっていたから、他人に教えるより隠遁を続けたほうがよいのではないかと迷っていました。ブッダが自分の座より立ち上がる気配がないのを見て、最高神の梵天は心配しました。もし、ブッダが、多様性の世界へ出て自分の体験を分かち合わないなら、つまり、衆生が目覚める手助けをしないなら、衆生は益することがなく、その体験はブッダにも衆生にも何ら役に立ちません。そこで梵天は、芝居を打ってブッダの前に現れ、この多様性の世界に出てきて自らの体験を広めてほしい、と頼んだのです。ブッダは答えました。「あなたの忠告には従いたいのですが、誰が私の言葉を理解するでしょう。何の役に立ちますか。徒労に終わることでしょう」と。梵天は、誰かが理解するかもしれないからと、繰り返しブッダに説法を勧め、ついにブッダは同意したのです。このことが経典には感動的に描かれていますが、それぞれ独自の解釈が可能です(八)。

もしブッダがたった一人だったら、その悟りは起こりえなかったでしょう。まわりに何も存在しない、ただ一人の絶対的存在など不可能です。ブッダの悟りは、そこに他の存在があったからこそ可能でした。実際、ブッダが悟りを得たとき、世界全体が悟りを得たのです、私たちは決して孤立した存在ではなく、ある意味でみんな一体です。私たちは相対面において、自分や他人のことを語る。絶対面では、自分は自分であり、また他のすべてでもあり、「自分」はすべてのものを含むのです。私たちは差別《しゃべつ》（差異）の世界に慣れきっていて、その結果、この差別の世界を超越しても、なおもその差別の世界の概念を持ち運んでいる――それゆえに混乱が起こるのです。論理的にきわめて明晰な人でさえ、差別から抜け出せないのです。

皆さんも、たった一人の力では悟れません。なぜなら、皆さん自身も他の存在によって条件づけられているからです。仏教では、人《にん》と境《きょう》と言いますが、個々の人間は常に環境とともに生きています。両者は密接な関係にあり、仏教徒のこの考え方はまったく真実です。環境が存在の性格を変え、存在は環境を左右するのです。この影響は両者に共通な何かがあるからで、さもなければ影響などまったくないでしょう。あるものに他のものを加算できるのは、両者に共通の関係があるからです。同じ領域にある二つのものは統一でき、互いに関係ある二つの数字は足し算が可能です。フィートにフィートを足すのは可能でも、メートルや卵や人間を加える足し算は不可能です。こうした理由で、一者は常に非一で、この点については、のちほど明らかにしましょう。

ブッダの悟りには二面があり、一方は個人としてのブッダだけのもの、他方は同胞に共通のものです。悟りは典型的な両刃の剣で、実際、自分、個人的、私的といった面と社会的、普遍的、公的といった両側あるいは両面をもたない限り、悟りは悟りたりえません。

何事もこれら両面をもっており、事実上、何事も矛盾であり、パラドックスです。悟りにおいて、ここには選択はありません。これは二つの要素の始まりであり、選択を必要とする前のことです。悟りでは、これがあるときは、あれもなくてはならない。もし私たちが一方を手に入れたなら、他の誰かはそれがないために苦しむ。社会はそれほど密接に縫い合わされているのです。私がすべてを手に入れると同時に、あなたもまたすべてを手に入れる。私はあなたとは別の存在だし、あなたは私とは別の存在です。と同時に私たちは共に悟りを得る。他人の解放を助けない限り、あなたは決して自由にはなれない。それゆえ、絶対的な自由はない。万物はすべて結ばれ合っていて、まったくの自由というものはない。ただし、法廷で真実を確約する限り、私は手を挙げて宣誓しません。これは自由意志です。

個人的には、悟りはブッダ自身のものです。しかしそれが、ただブッダの専有で、他と共有できぬものならば、それはブッダの私物にさえもなりえない。悟りがブッダに限定された私的なものである限り、それは「般若」（プラジュニャー）です。ブッダの「般若」はこの実在を直観したのですが、同時にそれは他の人々のものでもあります。ブッダは、生死輪廻の鎖を打ち壊したのと同時に、有情も無情も衆生がすべて解脱したのです。こうした特質が悟りに備わり、悟りはこうした特質を備えているのです。

仏教の中でも浄土真宗は、同じ体験を説明します。阿弥陀仏(九)が衆生済度を誓ったとき、阿弥陀仏は言いました。自ら悟りを得なければならない。そうでないと、他の衆生を救うことはできない、と。しかし、こんな条件をつけています。「私が悟るとき同時に衆生が悟るのでなければ、私が悟ることはない」と。このように、阿弥陀仏が悟ることと衆生が悟ることとのあいだには、明白な相互の関連があるのです。しかし、私たちの相互関係は常にきわめて密接なので、自分が悟りを得るにはどうしても他者の存在が必要なのです。それゆえ仏陀が悟るときには、他の衆生はすでに悟りを得て浄土にいるのです。

《原注》

(八)『エッセイズ第一集』一一八―一二〇頁、その他。

(九)浄土真宗と阿弥陀(アミターブハ)については、「仏教における浄土真宗の発展」(『イースタン・ブディスト』第三号、一九二五年、二八五―三二六頁)。『大無量寿経』によれば、阿弥陀は前生において王であったことがある。世自在王仏の説法を聞いて、彼は放浪の沙門となり、のちに阿弥陀仏となった。

3―2　禅から見たブッダの悟り体験の表現

さらにブッダの個人的な悟り体験について、ブッダによる三つの説明を引用しておきましょう。最初に『法句経』（ダンマパダ）（偈一五三―五四）からです。

多生の流転を通して私はさまよい
この家の造り主を求めたが見出せぬまま
悲しい転生の繰り返し

おお、家の造り主よ、今やお前は見出されて
再び家を造ることはなかろう
垂木はすべて折れ、棟木は砕かれた
消滅へと心は向かい

愛欲の消滅を私は成就した（一〇）

ブッダは、家の造り主を見るとき、その造り主を支配する主人となって、支配される奴隷とはならず、物質界の家が二度と建てられないことを知る。物質的存在は完全な溶解状態となり、つまり相対的存在、「輪廻」（サンサーラ）は解体され、絶対空に帰するのです。心がこの状態に達するとき、渇望――「渇愛」（タンハー）の文字通りの意味――は終わりとなり、相対的な意味で意志は止まるのです。

本来の「意志」は、この世と、さらに深遠なるものへの私たちの願望――自由を求め、自我《エゴ》、絶対、無限なるものを獲得したいという願望――を創造しましたが、これは抑圧できません。実際、意志は、いかなる意味でも抑圧できない。なぜなら、意志を抑圧しようとする意志は意志自体だからです。仏教徒は、相対的空や無を得るために意志を抑圧し抹殺することはありません。ここに、仏教、とくに仏教の悟り体験についての誤解がありま す。これは、ブッダが悟りを得た後の行動を見れば明らかです。と言うより、とくに注意すべきなのは、意志は覚醒されるべきものであって、消滅されるべきものではありません。

もちろん、大文字の Will「意志」は普通の意味の意志ではなく、またショーペンハウエルの「生への意思」のような単なる生物学的次元の意味でもありません。[12] それは、最も深遠な意味での「意志」であり、生命そのものと同一の、自己存在の全体性と一体の「意志」なのです。

しかし、これではまだ悟りの内容を洞察するには不十分です。ブッダは家の造り主を見て、自らを造った。それも単なる物質としての肉体でなく、この宇宙、空間全体にわたる自己を、です。ブッダは創造主、キリスト教の神と対面したのです。別の二つの文章には、さらにもっと明快な描写があります。初めに南方所伝阿含《あごん》経（ニカーヤ）のうち『中部』（詩編二六）から引用します。

我は征服して、今やすべてを知る
我はまさに独悟して、師をもたない
我と同一なる者はこの多神の世界にはいない
我は絶対の価値をもつ唯一の者

我は最高の師
我は完全な悟りに至った唯一の者
我は静寂となり
我は今や涅槃にある（一二）

もちろん、これと比較すべきものはブッダの誕生の伝説です。十方世界の大いなる光明の中で、「天上天下唯我独尊」という獅子吼《ししく》とともにブッダはこの世に誕生しました。もちろん相対的に見て、赤子のブッダが、突然、大声を上げるなど無理な話です。しかし、見方を変えれば、ブッダは本当に声を上げたのです。ブッダだけではなく、私たちの誰もが、目に見えるもの一つひとつが、客観世界の考えうるすべてが、同じように獅子吼している――これは、日常的思考を超越した禅的視点からすれば本当なのです。これはきわめて重要な点で、然るべき訓練によって得られる実に重要な視点です。概念化の領域から脱け出す能力は、私たち自身の内から展開しなければならない。教えるのは不可能だからです。第一に、ブッダの体験は、その種の唯一のものという意味で独自なのではなく、私たち誰とも同じく、個人的、私的な面で、まさにブッダ独自のものだったのです。禅の視点からすれば、世界や宇宙空間の個々の分子は、どれもブッダと同様に「唯我独尊」と言うことは可能なのです。私たち個々の内なる、また個々の分子の内なる「自己」、つまり無限なるものにとって必要なのは、それを体験し実現することなのです。

この絶対的な、無限なる私が、征服、つまり知ることによってすべてを征服した——ここが重要なのです。相対的には、征服されるものと征服するものとがあるけれど、絶対的な征服には征服者も被征服者もいないのです。この征服に伴って、「私は万事を知る」という体験が起こるのです。ここにおいて全知は全能と同一となり、両者は別物ではなくなります。ただし、こうした知識は無限であって、有限な知識の法則では証明できません。「絶対的私」は師をもちません。仮に師が教えたとしても、論理によって証明が可能な、あるいは不可能な知識を教えることだけです。なぜなら論理は相対的な思惟作用にすぎないからです。この世界中のどこにも、この「絶対的私」と同じものはありません。すべては、この世界、つまり創造主や鬼や神々でいっぱいの相対的世界を探求する際に私たちが用いる視点にかかっているのです。この「絶対的私」を除いたら、すべての価値は相対的で虚無であり、あるいは表面的存在となった何かであって、それ自体が価値である存在から生ずる何かではないのです。以上がブッダの体験の内容です。

「我は最高の師」という言葉が続くのは当然のことで、「我は静寂」――は、静的と同じ程度に動的です。「涅槃」を、真空の虚無と理解してはいけません。この「絶対的征服者＝絶対的知者」の立つところ、それが涅槃です。この文章はきわめて能弁で、ブッダが悟りに至った境涯を見事に表現しています。これと比較できそうなものが『法句経』（一七九）にあります。

その（情欲に対する）克服は敗北とは無縁であり、その克服には誰一人及ぶ者はいない、無限の境地にあって足跡を残さぬブッダを――いかなる道によって導くというのか。(一二)(13)

それは情欲の克服というより、主体・客体の相対界の克服なのです。それゆえ、完璧に克服した以上は、この世の克服のようにその克服が敗北に終わることはありません。ここには闘いや、闘う克服者の問題はなく、情欲もなく、どんな情欲にも再び征服されることはないのです。ラーダクリシュナンは、道徳の視点からこの点の解釈を試みます[一三][14]。しかし、もしこれを道徳的なものだと解釈すれば、この後に続く言葉がまったく意味をなさず、無限の境涯にあって足跡を残さぬブッダとつじつまが合わなくなります。もしブッダが、悟りを体験したとき、その跡を何か残していたならば、それは指標として役立ち、ブッダの悟りを理解する手掛かりが見つかったでしょう。しかし、これは無限の次元のことだから、ブッダの悟り体験を把握しようとしても、有限な探求や推論的方法では不可能なのです。有限ないかなるものも無限の領域には届きません。

跡形がないから、この円にはその中心が至る所にあるのです。中心がただ一つの有限な円とは違うのです。至る所が中心だから、この中心はどこにでもあり――そしてどこにもないのです。私たちのいる今、ここがまさに中心なのです。しかしこの中心は、意識した途端に消え失せてしまいます。そこで、皆さんを、また私たちをこの中心に導いてくれる道筋をいかに見つけるか。私たちの有限な心や有限な何かでは、道筋は追えません。概念化、感覚による知覚、感覚的体験――これらはどれも有限なものです。以上のことを、この一節は伝えようとしているのです。

私たちが、そしてたぶん数学者もまた、1という数字を口にするとき、心に浮かぶのは、「$1=\frac{1}{2}+\frac{1}{4}+\frac{1}{8}\cdots\cdots n$［ママ］」という等式でしょう。さて、いかにしてこの無限に続く数字を有限な1に結びつけるか。まさにそれゆえ、有限と無限は一つであり――そして、足跡を残さなかったブッダが、この限定された時間空間の中のここ、この教室の中にいる、と言えるのです。ブッダが母親から生まれ落ちたまさにその場所――インドか、アメリカか、どこであれ――は、時間空間に限定されていると私たちは理解します。しかし、私が指を動かすまさにその瞬間、それは有限ではありません。しかし、それについて語ると、そこにはただ指があり、身体などがあるだけです。体験について語ると、体験そのものは消え失せます。しかし、その体験が直観による「般若」の智慧であれば、その線は知的には感得されなくても、線自体に沿って動いており、その線がどこにあるかが私たちにも分かるのです。ブッダが誕生したのは二十五世紀前のことで、これは時間空間の中であり、歴史上知られた事実です。しかし同時に、端的に言えば、ブッダをここ、この教室で、一瞬一瞬、誕生させることもできるのです。有限なものは無限である。足跡を残したブッダも跡形ないものになる。ここには、創造的な力や出来事があって、インドでのブッダの誕生に終わらず、どの瞬間にも至る所で働き続けています。

この一節をこのように理解すると、多数の仏教徒が伝えてきた教条それ自体が、いかに無力かが分かります。八正道、十二因縁、四諦など、ブッダが自らの体験のあと弟子たちに説いた教えです。とくに初期の仏教徒たちは、こうした道徳的指示がブッダの悟りのすべてで、そのほかには何も見当たらないと考えました。しかし、今述べたような理解や解釈と比較すると、こうした教条はすっかり力を失い、創造的なものは何も残らないのです。論理の尽きたところで、すべては終わりです。そこからは何も出てこない。ブッダの体験がもつ本当の意味を表現したり、理解したりできないのです。

歴史的な意味で、ブッダの体験について初期の記録が最良なのは、言語的にも、それがブッダに最も近いからです。しかし、こうしてみると初期の記録者たちは、古い正統的思潮の束縛からのがれられなかったことが分かります。そもそもブッダ自身が、表現の点で正統的な傾向を乗り越えられなかった。初期の仏教徒たちは、ブッダの悟り体験について、自分たちの解釈した最終的な悟り体験に合わせてよしとして、その内側までは洞察できなかったのです。後の仏教徒たちは、形而上学的にまたは哲学的にますます成長して、ブッダの体験の内側をもっと深く洞察できるようになりました。ひとたび「本体」を見抜く何らかの方法が見つかると、私たちにもさらに、さらに奥深くへ追体験できるようになります。そうした体験も数を重ねるにつれて、成長し深化してゆきます。ブッダの体験が信者たちの心の中で深まり、それ自体が独自に成長し、無限に展開してゆきます。もちろんブッダの悟り体験が、それを受けついできた人々の体験に劣らずきわめて深いものだったのですが、私たちにとって体験は深化するかもしれません。それを他者に説明し、他者にとっても明快にする努力は、体験の深化に役立ち、その体験を深化させる一つの方法なのかもしれません。

《原注》

（一〇）　ナーラダ・テーラ訳（コロンボ、一九四六年）、二六頁。

（一一）『ヴィナヤ』八頁、ロード・チャーマーズ訳（オックスフォード大学出版）、一二頁。この文章は、次にあげる『法句経』の別の偈三五三と比較できよう。
私はすべてを征服し、すべてを知る、いかなる環境にあっても堕落からは解放され、一切を捨て去り、渇愛を消滅して私は自由である。独力で妙なる知識に到達したからには、誰を師と仰ぐことがあろうか。

これら二つの叙述は同一の原典からきている可能性がある。(14)

（一二）『法句経』ナーラダ・テーラ訳（ロンドン、ジョン・マレー、一九五四年）、五三頁。コロンボ版にはこの部分はない。

（一三）『法句経』（オックスフォード大学出版、一九五〇年）、一一九頁か？　あるいは別の箇所か。

《講義Ⅰ　編者注》

（1）正確には「仏語心」（仏陀たちの言葉の核心）。『碧巌録』第一三則評唱で編者、圜悟《えんご》克勤《こくごん》（一〇六三—一一三五）は述べる。

印度での禅宗第一四祖・龍樹の面前で、提婆《だいば》は水を満たした鉄鉢を出されたとき、そのなかに針を一本投入して、鉢ごと師に捧げた。師はその反応を高く評価して、提婆を第一五祖とし、仏心の宗を伝えた。

圜悟は、そのあと、馬祖道一（七〇九—七八八）の言葉に言及する。

『楞伽《りょうが》［の悟入の教えを説く］経』に、仏心を宗とし無門を法門とする。

（2）つまり「禅」の語を、著者を含む執筆者たちが、英文著作の中で、日本語音のローマ字綴り“Zen”を用いて紹介するようになった、ということ。

（3）世親の『倶舎論』第八章、「サマーパッティ」を説く第二偈とその下の説明参照。ディヤーナは二群に分けられる。そのうち因としてのディヤーナがここに扱われる。果としてのディヤーナ、すなわち色界の諸天に生を受けることは、第三章、「世間」の第二偈下に説明がなされている。

（4）『倶舎論』第八章第三二—三八偈、「八解脱」について、を参照。

（5）『倶舎論』第八章、「サマーパッティ」は四禅、八解脱の他に別の形のサマーディを取り上げる。また、四通りの無色と三通りのサマーディ（空性、無相、無願）も取り上げられる。大乗は、この三通りのサマーディを三解脱門として継承する。

（6）本文に漢字で七つの同意語は挙げられていない。編者は次の七語を挙げておく。三昧、三摩地、静慮、禅定、定、精進、等持。

（7）正確には「牛、猫などの畜生から学ぶ」。中国唐代の禅者、南泉普願（七四八—八三四）は馬祖道一の法嗣で、趙州《じょうしゅう》従諗《じゅうしん》の師であるが、『祖堂集』第一六章によると、次の言葉を残している。

「祖師たちも諸仏も、有を知らないが、兎と牛とは知っている。何故か。畜生たちは人間に特有な分析的な推理に囚われないからだ。一方、我々人間は、ありのまま、と言った途端にありのままでなくしてしまっておる。我々は直ちに畜生の世界に入って修行する必要がある」

南泉の意図するところを説明しよう。すなわち、畜生は兎（または猫）に角がないこと、牛に角があることを承知している。しかし、その知識が邪魔してありのままに生きられなくなることはない。だが、普通の人間は、有への執着に基づくその知識の影響を受ける。祖師や仏陀であるとは、その種の執着を離れており、有という概念に基づく無という概念にも囚われないでいるということである。南泉によれば、たいていの禅修行者は有への執着に基づく知識を求めるところが間違っている、彼らはこの点で畜生たちに学ぶ必要がある。大乗経典『楞伽経』（四巻本の巻二）に、「兎には角がない」という考えが「牛には角がある」という考えに基づくことが説かれている。南泉がこの経典の概念を用いたことは、明らかである。

（8—1）香厳智閑《きょうげんちかん》（？—八九八）、『景徳伝灯録』巻一一。詳細は、講義Ⅲ（一三九—四二頁）参照。

（8—2）漳州《しょうしゅう》（福建省）、羅漢和尚（唐代）『景徳伝灯録』巻一〇、一一。大慧《だいえ》宗杲《そうこう》（一〇八九—一一六三）『正法眼蔵』巻三、第一一九則。詳細は著者の講義Ⅲ（一三七—三九頁）参照。

（9）長沙景岑《ちょうしゃけいじん》（生没年不明）、南泉普願（七四八—八三五）の法嗣。『碧巌録』第三六則。『祖堂集』、『景徳伝灯録』ともに、言及なし。

（10）"Sutra"の語の前の空白を埋めるために、漢訳仏伝の最古版と考えられる『普曜経』の名を充てておく（T3, No. 186, 竺法護、三〇八年訳、三〇品、の巻七、第二一品「観樹」）。これより後の資料は、仏陀が樹下で成道のあと七週間滞在したと述べる。著者は、その言及する「経」が天空の星と大洋とのことをも述べるとするが、『普曜経』にそのような叙述はなく、実際にどの経を指していたのかは不明。西暦二世紀に活躍していたサンスクリット詩人アシュヴァゴーシャの作品で、ブッダの生涯の伝説を描いたカーヴィヤ調の詩『ブッダチャリタ（ブッダの生涯）』は、馬鳴菩薩造『仏所行讃』、曇無讖《どんむしん》（ダルマクシェーマ、三八五—四三三）、漢訳二八品として今日に伝えられている（T4, No. 192）。破魔品第一三からと阿惟三菩提品第一四とから、各一句を紹介する。破魔品からはE・H・ジョンストン校訂英訳梵本（一九三六年）第七二偈の原実氏訳文（中央公論社、大乗仏典一三）を、そして菩提品からは梵本に欠けている第九四偈の漢訳を訓読で紹介する。

花を徽《しるし》となすもの（マーラ）が撃退され、そのおつきの軍勢ともども走り去り、かくして、塵を払い、闇を払い、無欲のままに無知の暗黒を払ったこの偉大なる聖者は勝利を収めたのであった。折しも月があらわれて、天はほほえむ乙女のように（白く）輝き、芳香をたたえる（涼風を伴って）、水気を含んだ花の雨が降ってきたのであった。

仏は彼の七日に於て、禅思の心清浄に、菩提樹を観察し、瞪視の目は瞬かず。我れ此の処に依りて、宿の心眼を遂ぐるを得たり、と。無我の法に安住する、仏の眼は衆生を観る。

(11) 原稿二一頁初めの三行と四行目の「純粋経験」の語の箇所は、このように訂正した。

(12) ドイツの思想家、アルツール・ショーペンハウエル（一七八八―一八六〇）は、著書『自然における意志について』の中で、「生きようという意志」という言葉について次のような説明をしている。ユリウス・フラウエンシュテット社出版の第四版の英語訳（カール・ヒッレブランド夫人訳、ジョージ・ベル・アンド・サンズ、ロンドン、一八九一年改訂版）による。

「それゆえ私がもしも「意志、生きようとする意志」という言葉を用いるとすれば、これは単なる推理上の存在でもなければ、私が実体化する原理でもなければ、曖昧で不確かな意味の言葉でもありません。それとは逆に、それは何のことかと尋ねる人には、こう言いましょう、君自身の内なる自己を振り返りたまえ、そこに君はそれがまるごと、否、大規模な広がりで、真の現実存在としてあるのを見出すでしょう、と」（「倫理への言及」三七六頁）。

同書の序文でショーペンハウエルは述べる。

「カントが単なる現象――私はこれをさらにはっきり表象と呼んだ――に物自体として対立させたもの、しかもそれを彼は絶対に知りえないものとした、この物自体という一切現象の基体であり、したがって自然全体の基体であるものこそは、我々が直接、身直に知っており、我々自身のうちに意志として見出すものである」（二一六頁）。

ショーペンハウエルはアジアの諸宗教、ことにチベットの仏教と中国の仏教、禅に深い関心を示すに至った。最近、東西の研究者の間に、このドイツ人哲学者の思想を明らかにする動きが見られる。

ウルス・アップ氏英文著書『アルツール・ショーペンハウエルと中国、中国との精神的な恋愛』、『中国を精神的に愛する論集』第二〇〇号（二〇一〇年四月発行）および『理想』（二〇一一年九月、理想社発行）第六八七号、特集「ショーペンハウエル哲学の最前線」を参照。

(13) 原注（一二）末尾と同じ内容のもの。中村元氏の日本語訳、岩波文庫『ブッダの真理の言葉』第三五三偈に対する注を参照。

(14) 原注（一三）。

（一）　著者の言葉と相違して、ラーダクリシュナンはその著『ダンマパダ』一一九頁で、第一七九偈の解釈において道徳的な見地から試みてはいない。この偈をラーダクリシュナンは次のように翻訳する（彼の英訳からの訳）。

「彼が果たした克服はさらに克服されることがない、そこにはこの世の誰一人入り込む余地はない、そういう無限の悟りに目覚めた、跡を残さない覚者の彼を、どんな道に引き込むことができようか」

ラーダクリシュナンは、この後、パーリの二語「ブッダ」「アパダ」を説明し、さらにブッダゴーサの説明を英語で紹介する。この注記の最後に彼は、こう言う。

「つまり、ブッダが外の世界を経験するという生き方にとどまる可能性はないのだ」（二二）ラーダクリシュナンの著書『ダンマパダ』は、『ダンマパダ』と「ガウタマ・ブッダ」とを紹介する二つの論文からなる（パーリ・テキスト、その英訳、および注、一八七頁）。そのうち第二の論文で「四諦」の説明をして、述べる。

「無知を除くためには厳しい道徳性が必要である。シーラとプラジュニャー、善行と直観智は、不可分に結合している」（一九頁）。

また、こうも述べる。

「倫理性が優先することとは、ブッダの教えを知る鍵である」（三〇頁）。

「強制による改宗は、ブッダの知るところではなかった。信ずることではなく、実行することが彼の教義体系の基礎である」（一三頁）。

ラーダクリシュナンがブッダの教えの倫理的な性格と言うとき、彼が言いたかったことは、信仰に留まるのではなく、目覚めを通して自覚することが大切だ、ということであったと思われる。彼に次のコメントがある。

「八正道は道徳性のおきてを超えた、生き方である」（二一〇頁）。

講義Ⅱ　禅匠たちは存在と意識との諸問題にいかに迫ったか

1　自我の重圧と本来の自己

生死の束縛からの解脱こそブッダが目指したものですが、この束縛のもとは、「アートマン」や「自己《セルフ》」や「自我《エゴ》」についての間違った概念にあります。一般的に自我は、一種の独立した存在で、まるで実体であるかのように考えられています。また、インド人のやったように、私たちも自我の居場所を突き止めようとします。彼らはあれこれ議論しました。「『自己《セルフ》』はどこにあるのか？　体の真ん中にか、もっと上か、目か、耳か、手足か。いったいどこだ」と。もちろんこの自己は、身体をいくら細かに切り刻んでも見つけるのは無理です。今日の私たちは、「自己《セルフ》」は脳の中の複雑な神経システムにあるのだろうと考えています。しかし、「自己《セルフ》」についていくらこうした物質的な解釈をしても、私たちに本当の「自我《エゴ》」を体験させてはくれません。肉体の中にも心理的機能の中にも見つけ出せないことは、みんな知っています。それでも、まるで何かに迫られるように、「自己《セルフ》」は存在すると考え、この「私」を見つけたいという欲望に常に苛まれています。やっとのこと出くわしたと思った瞬間、それは私たちの手をすり抜けてしまう。そして、この「私」探求の過程には、物理的、情緒的、心理的なすべての肉体的機能を統括する統一的原則はないことに気がつくのです。

太陽には光があり、光は太陽からやってきます。私たちは常に「私」やそれに関わるものに頼っていますが、それでもその存在する場所は特定できません。私たちの行動も思考も、常に影響し続けるこの「自分」という概念が前提であって、それが妄想や夢であるはずがない。そして、そこへ戻れないのに戻りたいと願い続けるところに、すべての混乱の原因があります。ブッダが最初に考えた「私」は、本当の私、「自己《セルフ》」、「自我《エゴ》」から分離、遊離したものでした。

絶対的な「私」から切り離された「私」という重荷は、西欧ではとりわけ鋭敏に痛感されています。クリスティーナ・ロセッティの詩にはこのことが如実に表れているので、その全体を引用しておきます[1]。

私を救ってくれるのは誰でしょう

神よ、私に私自身を耐えぬく力をください
この上ないあの重さに耐えぬく力を
艱難の類なき重さに

他のすべては私自身の外のもの
私はドアに鍵をかけ、残らず追い払います
混乱も、退屈も、放蕩も

私自身にもドアの鍵をかけ、他のものをみんな追い払います

でも誰でしょう？　自分《セルフ》を私自身から
壁で仕切ってくれるのは。最も忌まわしいものから

もし私が、ひとたび私自身の身を横たえ
私自身を浄めて何人《ぴと》も走る運命のレースに
スタートできたら……死が疾走する

もし私が私自身を捨て置いて
すべての人々が通り抜けた道を
心軽やかにスタートできたら……

神よ、私自身に逆らう力を私に与えてください
安易と休息と歓喜を貪る
この憐れな声の臆病者に

私自身への大反逆者は私自身
最も空虚な味方、最悪の命取りの敵
どの道を行こうとも私には足かせ

でも、あるのです。私自身に留めぐつわをかませ
窒息しそうな重荷を私から巻き取り
そのくびきを剝ぎ取り、私を解き放ってくれるあるものが(二)

クリスティーナ・ロセッティは、自分の本来の「自己」を重荷と感じ、それを追い払おうとしますが、それは決してできません。自ら本来の「自己」を追い払うことを望むので、それはさらに重くなるのです。彼女が身を処するのに、神に助けを求める必要はありません。それが自分自身だと自覚すれば、もう重さなど感じないでしょう。自己は本当の実在であり、それゆえに把握し得るのですが、ただし知的な方法ではありません。答えが現れるのは、問いと問う人とが一体となったときだけです。この一体化が実現しない限り、こ

の本来の「自己」は厳然として、最大の重量をもつでしょう。ただし一体化できれば、重量は減らないにしても、その重荷は解消するでしょう。象は大変な体重を抱えて歩き回っていても、何も不平は言いません。どんな基本物質も、惑星も、そのほかの天体も、地球も同じです。もし地球が、それ「自体」から分離したおのれを一度でも見たら、自重の軽減を一心に祈ることでしょう。解脱は、この分離した私から自由になった状態のことで、本来の私からではありません。本来の私が自覚されるのは、知識によってではなく、「般若」の直観によるのです。

ある人がこんな重荷を運んでいるとしましょう。投げ下ろせばいいのに、なぜそうしないのか。それが無理なのは、投げ捨てても、重荷はなおもそこにあるからです。

ある禅匠に弟子が問いました。「重荷をすべて投げ捨てましたから、私には何も持ち運ぶものはありません」と。禅匠は答えました。「それこそ投げ捨てなさい」

弟子は尋ねました。「私は何も持っていないのです。どうしたらいいでしょうか」と。禅匠いわく、「それを持っていきなさい」

たとえ投げ捨てたつもりでも、嬉々として運ぶことができるまでは、それはまだあなたの身体に乗ったままなのです。あのクリスティーナ・ロセッティが、その重荷は自分自身だと自覚しない限り、神とても彼女を重荷から解放する救いの手立てはありません。その重荷は誰か他人が自分に加えたものだと考える限り、彼女の感じ方はまったく当然です。ブッダも初めのうちは、重荷が内面から来るものではなく、自分自身には異質なものと考えた。その重荷が自分と対立する限り、それは敵でしかありません。こうした苦悩の根底にあるのは、ただ相対的次元にしかない私の意識です。知性によって、私たち誰もがその重荷の下で、絶対なる私を把握できずに苦しんでいる。この絶対なる私は、決してドアの外に締め出されることはないが、私たちが主観と客観のレベルにある限り姿を見せず、しかもまた、中に封じ込められることを常に拒否します。これは、私たちが自分自身で解決するほかはないのです。敵意は二元性と重荷を生み出します。この重荷を担うことはまさに人間の特権ですが、私たちは時に、自らの尊厳がどこにあるかをすっかり忘れています。時にはそれは高い代償に思えますが、本当に価値あることです。

思考により知性は「私」を引き裂いて、私と、私でない、つまり相対的な私に二分します。それは、一方で悲劇的な結果をもたらし、他方、それは絶対的な究極の私の探求を促します。さもなければ、私たちが重荷と真実の自己とを一体化したり、私がブッダであり ブッダは私自身だと自覚する機会もなくなるでしょう。私の見るところでは、西洋は重荷に耐えようとし、東洋は重荷から自由になろうとする。一つの見方からすれば、結果は同じことです。なぜなら、私たちはそれから自由にはなりえないし、ずっとそれを持ち運ばねばならないからです。しかしながら、自分がその重荷と一体であることが分かると、その重さは感じられないのです。仏教では、分離や分別という原則は超克すべきものなので す。大事なのは知性から自由になることであり、知性はそれ自体では解決できない矛盾を抱えています。西洋が重荷に苦悩するなら、東洋は悟りをより多く口にする——こうした気質の違いがあります。私たちはみんな違っていて、この違いがこの世界をつくっていま す。なぜか。なぜ同じ水にこのようにさまざまな魚が棲むのか。なぜ味もみんな違ってい るのか。時には、事実がそうだからそうなのだと、事実をありのままに受け取るほかはありません。

ブッダの誕生のずっと前、インドの人々は、「カルマ」という因果律の思想を信じていました。いま世界がこうなっているのは、これまでがこうだったからであり、これまでに起こったことの結果だというのです。もしその原因を知り得るならば、生死の束縛は破られるだろう。キリスト教の言葉でいえば、疑問は「なぜ神はこの世界を造りたもうたか」でしょう。人間的な考え方からすれば、神が自身を否定する必要はないでしょう。人間の生活は、自己存在の肯定を必要とします。それが絶対的に可能ではなくても、否定の過程を経ることはありません。しかし神が自分自身を知るには、自分自身から自分自身を分離せねばなりません。さもないと、この自己認識は不可能です。なぜ神は自分自身を知りたかったのか。私たちには本当のところ分かりません。認識の過程を進むなかで別のやり方があるかもしれない。なぜ神は世界の創造を望んだのか。なぜ自己を否定せずに自身の内に留まることをしなかったのか。この世の問題はすべて、神が世界を創造したことに、あるいは私たち人間が神にそうさせたことに起因します。神が自己認識することにどんな効用があるのか。それにどんな利点があるのか。どんな目的に役立つのか。

こうした疑問には、私たちが相対性の次元にいる限り、答えようがありません。それでも人間の意識が目覚めることによって、私たちは自分自身を知りたくなりました——これがすべての苦悩の源です。十五世紀のある禅僧が言ったことですが、ブッダが誕生したばかりに、自分は悟りへつながるあらゆる探求をせざるを得なかった。もしブッダが悟りを得なかったら、こんな苦しみなどなく、みんな、たとえば犬のように、悩みもなく暮らしてきたことだろうに、と[2-1]。雲門は中国五代の禅匠ですが、ブッダの生誕を祝う席で言いました。「生まれた途端に言ったそうな。あんな生意気な言葉を口にするのをこのわしが聞いていたら、この杖で思い切り一撃を食らわせ、犬どもに死体を食わせるのにな[2-2]」と。これは一面では、きわめて冒瀆的な言葉ですが、これは禅に特有な表現法です。禅にはそれほど敬虔さはなく、きわめて無遠慮な言い方をします。そして、ブッダの体験を本当に理解し、同じ体験をする人はこう言うでしょう。「まるで悟りが最高でもあるかのような、とんでもない戯言をぬかしおった」などと。もし人が無知のままでいたら、何かを知ろうという欲求など皆無だったでしょう。意識の目覚めは、知恵の木の実を食べること――ここから、すべてこの世の苦悩が始まったのです。

神が自分自身を知りたいと考えたと私は言いましたが、事実上、それは私たちが自分自身を知ろうと望むことです。実際、神は私たちの内にあって、外にではありません。だから、神について抱く問いは、すべてまさに私たち自身への問いです。しかし、人が自分自身を知ろうと望む、と言うときの人とは、普通の意味での人ではなく、大文字の Man「人」、「絶対的自己」であって、自己を超越し、日常的自我を超えたものです。この相対的自我を私たちが探求するときには、その相対的自我の裏の「絶対的自己」を探求するのを忘れています。これらは言葉の上で区別の必要があり、前者と後者を別に分類せねばなりません。私たちは、この日常的自我をよく知っているつもりですが、ある日突然、私は結局私自身を知らないのだ、私自身は私にとって未知のものだ、と気づきます。私たちは、この肉体を完璧に理解しているかのようにつきあっていますが、いつの日か、何かが、私たちを探求へと仕向けます。すると、彼は突然見知らぬ人に変身します。私であるはずのこの見知らぬ人について何も知らない、という事実を自覚すると、私たちは非常な不安に襲われます。その自覚は、私たちがふだん感じているすべての不安感の奥底にあるものです。それは根本的な不安です。この自分がどこから来たのか、どこへ行くのかを私が知らなければ、私にとってさらに見知らぬものとなります。

意識の発生がまさに苦悩の根です。どんな動物も、植物も、何ら疑問などもたず、ひたすら生きています。空腹になっても、なぜかと問うこともなく、ただ自然の流れとして受け止めています。問いは意識から始まり、世界全体は何かまったく異質なものに変わります。私たちは、意識の目覚めによってこの世界を創造します。意識がなければ、この世界は意味をもたない。意識は受動的ではなく、単なる傍観者ではありません。現実世界で働き出そうとします。すべての問いの主である絶対的意味での「人格」に、個人面談を試みます。機械論的な仮説に満足することは決してありません。禅僧は悟りを得るときに、しばしば叫びます。「我、汝を見る」と。この「汝」はブッダの言う「創り主」のことです。[3]

およそ六十年前の日本に、あるすぐれた禅僧がいました。この人は、若いころは儒教の信奉者でした。[4] しかし、道徳一辺倒の話ばかりで満足できなかったのは、その教えの裏にいる師、孔子本人に対面したかったからです。しかし、儒教ではそうした方法を取らないので、禅の修行道場を訪ね、孔子本人に対面すべく教えを乞いました。数年の修行を経て、悟りに到達し声をあげました。「あなたにお目にかかるのは、本当におひさしぶりです！」

もう一人、九世紀の中国にすぐれた禅僧がいましたが、この人は盗賊の一団に殺されました。このことが日本のある修行僧を大いに悩ませることになったのは、その僧がこう考えていたからです。行いは立派で悟りを得た人ならば、幸福な生涯を送り静かな死を迎えられたはずだ、と。しかし、数年の修行ののちこの修行僧は自ら悟りを得て、幻の師に向かって、こう叫びました。「ああ、あなたは今も生きておられるのですね！」[5]。根本的な問いに答えが得られるのは、このように直接の対面ができ、相対的自分が「絶対的自己」を自覚したときです。もちろんこれは、どちらかが分離独立した存在だったということではありません。こうしたテーマでは、このような表現を用いれば話が進めやすく、事実、「絶対的自己」は決して相対的自我の視野から消えません。相対的自我はとかく「絶対的自己」から自分を分離しがちですが、「絶対的自己」は可能な限り相対的自我から離れません。ひとたび相対的自我がこうして「自己」を直観すれば、さらに育て上げてゆかねばなりません。なぜなら、この直観的体験は、生活そのものへとつながり、直観と生活とがぴたりと一体になるからです。生活全体をこの訓練に集中させるなら、完璧な一体が実現するでしょう。これこそブッダの「誓願」の出発点です。

もしこの悟り体験が深まり、まさに存在の根源に至れば、ブッダの体験に近づきます。しかし、たいていはそこまで深くには至れず、常に追体験の繰り返しが必要です。通常の仏教の説明では、私たちの無明はきわめて強靭で、それを克服するには多くの年月が必要となります。人間性は、次のように表現できるかもしれません。

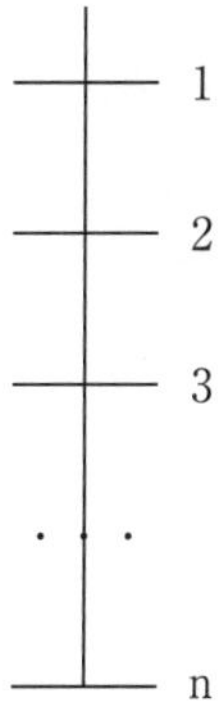

たぶん最後の線は省略すべきです。なぜなら本当は、無限には底辺も限界もないからです。しかし心理学的にはそれぞれ層があり、人格は自己訓練で深められてゆくものです。それも実際には区分などなくて、意識が始まりと終わりを決めます。「絶対意識」が裏側になければ、相対的意識はそれ自体ではまったく無意味です。それゆえ、実際にここにあるのは、始めなき始めと終わりなき終わりなのです。私が思うには、人格はそれ自体を完璧には浄化できない――これが終わりなき終わりです[二]。

意識が発生する前には、個性はあり得ないものでした。個性は自己中心で、自己主張が強く、私たちは互いに敵意を感じます。私たちがこの相対的世界に住む限り、この敵対性は避けようがありません。ただし、現実的にはこの「私」は、対立に反対します。この分離あるいは対立は、神が自分自身となるために自己を分離しているのです。ある自我が主張すれば、他の自我もまた主張する。なぜなら、自我はそれ自体では成立しないからです。私たちには、博愛的衝動も備わっているのです。私たちは、自分自身を正そうとしますが、あまりに日常の俗事に深く関わりすぎています。善には常に悪が伴う。それが人生です。ちょうどあの分離できない姉妹の話のように、悪は善のあとを影のように追うのです。インド神話のこの二人は、幸運の女神と暗黒の女神です。[6] 私たちは「幸運」だけを願いますが、「幸運」自体は、いつものパートナーなしではどこへも出かけようとはしません。自然界では、こうしたことが機械的に進行してゆきます。

絶対的自己、神性、肯定、善をAとすると、非Aは、日常的自己、神、否定、悪と表現できるでしょう。ただしAは、肯定や否定を経過しても消失しません。肯定は否定、否定は肯定であり、存在は生成、生成は存在です。Aは、自己否定しながらも、常にそれ自体へと戻ろうと切望します。これが一体化を求める愛です。善と悪との葛藤にもかかわらず、調和や一体化に向かう底流があり、それが愛すなわち「カルナー」であると言えます。とはいえ、矛盾で成り立つのがこの人生です。他方、自然には敵意も悪意もなく、こうしたことを意識的に選択したり、決定したりせずに、万事、機械的に対処してゆきます。ただしそれも、人間が入り込むと事情は一転します。私たちは、人間的思考を自然界に読み取りますが、自然には残酷さも憎悪などもありません。私たちが意識を持ち込むと、単なる存在は大変身して、意味のある存在になるのです。

《原注》

（一）英文『クリスティーナ・ロセッティ詩集』（ボストン、リトル・ブラウン、一九〇〇年）、第一巻、二八三―八四頁。

（二）ある哲学者は言う。始めなき始めも終わりなき終わりも無であり、我々は無から無へと生きる。中世には、神は両方の無に配慮した。今や意識が入り込んで、自らを取り仕切ろうとしている。神はもはやいない、と。

2―1　哲学は知識でなく哲学する存在に始まる

アダムとイブは、意識をもつ前は無垢の状態でした。しかしそのあと、善悪が入り込みました。私たちは楽園へ戻ろうとします。キリストは赤子になる必要を説き、ワーズワースは赤子が不死に近いと言い、中国では偉大な人物は赤子の心を失いません[7]。この無意識、無明への回帰願望は、悪をも含み、またその可能性があります。心理学者はこれを「幼稚症」と呼んでいますが、精神病の一種です。生物学的にはこれは退化であって、進化とは対立するかもしれません。しかし形而上学的には、私たちは常に「無意識」の本源的状態へと意識的に回帰することを願います。これは、時間の経過に逆行することではなく、もちろん過去が完全に失われることはありません。しかしながら、私の考えでは、これを単なる葛藤逃避願望と解釈する心理学者の見解は深い洞察を欠きます。葛藤は後に残り、人間は葛藤の中に留まらざるをえないでしょう。それでもなお、葛藤に染まらないことは可能です。

あるフランスの実存主義者の言葉です[三]。

思い出すのは、フランス国立図書館という没個性的な場所でヘーゲルを読んでいた、実に平穏だったひとときのことです。一九四〇年の八月のことでした。しかし、街に出て、生活の中、思想体系の外、本物の空の下に身を置いて再び自分に戻ると、そんな思想体系などもはや何の用もなく、それが与えてくれたものは、無限なるものという口実の下、死の恐怖への慰めであった。そして私は、ますます生きている人間たちの中で生きたいと思った。

ヘーゲルの体系は、理論的視点からは実に見事に構築されていて、抜け穴はどこにも見当たらないものの、この現実、この具体的世界の偶発的出来事に何ら対応の余地を残していません。

ブラッカムは、カール・ヤスパース論で、こう言っています。

それゆえ、科学は哲学の不可欠な基盤であり、第一段階である。しかし、理性が放棄できない一体性と全体性の実現には無力である。科学は確定した存在に関わっており、哲学者は、科学から出発し、その限界に至って、絶対的存在を思考できず、またその思考への意志を放棄できないことも認識する。哲学者は、「思考できないものがありうると思考することは可能だ」と反芻せざるを得ない。哲学は、科学の客観的知識に何も追加できない。哲学は哲学者の存在から始まる。自分が何者か、からであって、何を知っているか、からではない。哲学者がたどり着いて伝達するものは、知識ではなくその人自身である。科学では到達できないと哲学者が考える一体性と全体性とは、世界の超越性（存在自体としての存在）において世界に属する。これに近づくには、思索者は、経験世界（現存在）での自分自身の超越性（自己自身である存在）を唯一の手段とするほかはない。思索者は存在の三領域すべてに関わり、この方法によってのみ、自らの理性が熱望する一体性と全体性に近づけるのであって、普遍的に理解可能な現存在の序列へとすべてのものを還元する試みによるのではない。科学が形而上学を放棄して、それ自身の経験的追求に忠実に注意を払うときほど哲学的なものはない。なぜなら、そうすればその従順さと根気強さによって、熱望する本物の実在に近づくからである。しかしこのように言えるのは、強調点を科学から科学の研究者に転換するときであり、この研究者が自ら本物の哲学者となるのは、自分の仕事に理解と目的をもって立ち向かうときである。哲学は科学に始まり、科学なしではすまされない。なぜなら、科学の探究する客観的世界から切り離された他の世界などないからだ。

「世界の探求に自らを情熱的に捧げる人のみが哲学への道を発見できる」。世界から乖離した哲学など無用だ。

ここでは、禅は経験の側に立ちますが、科学を蔑視はしません。科学にはそれ自体の基盤があり、「哲学の第一段階」です。しかしながら、科学は全体性を包摂できないし、通常とは違う高度な意味では存在理由がない。哲学者は、「絶対的存在を思考できず、またその思考への意志を放棄できない」。意志は知的限界により停止されることはない。なぜなら、思考不能なその先がありうることを知るからです。哲学は哲学者の存在から始まるのであって、哲学者の、科学的な、またそれ以外の知識からではありません。「思索者は存在の三領域すべてに関わり」ます。この方法によってのみ自己存在の望むところに到達できるのであって、すべてを科学に還元することによってではありません。そして哲学者の望むところは、自分自身の何たるかを知ることです。世界から切り離された哲学は無用なものです。まさに空なる深淵に自ら飛び込む覚悟を持たない哲学者は、まったく未知なる奥底をただ見下ろすばかり――そして、それゆえ絶対に不可知と決め込むのです。(四) 哲学者はそれでもよいでしょう。存在や意識の問題に関する禅の扱い方は、次に引用する最初の「問答」に見られますが、このあともっと詳しくお話しします。

《原注》

(三) シモーヌ・ド・ボーヴォワール著、仏文『多義性のモラルのために』一二一頁。H・G・ブラッカム著、英文『六人の実存主義思想家』(ロンドン、ルートレッジ・ケガン・ポール出版社、一九五一年)、四四頁注からの引用。

(四) ブラッカムからの、別の箇所からの引用は、「禅の研究」(二〇〇頁)〔全集第一二巻、二四九頁〕においても論じてある。

2—2　禅の方法論を示す禅問答の例

「問答」とは文字通り「問うことと答えること」であり、それは仏教の他宗派と禅宗とを区別し、また私の知る限り、他の宗教とを区別する特徴です。禅の最大の特徴は、この「問答」にほかなりません。「問答」は対話ではなく、知的な方法とは相入れません。それはあくまで「問答」であって、他の何ものでもなく、単に問いを発し、それに答えるのです。だから、しばしば、一種の身振りや行動だけで十分なのです。これに関連して、『楞伽経』に興味深い一節があります(8)。

言葉は必ずしもすべての仏国土で通じるわけではない。大慧よ、言葉は、人為的な創造物である。いくつかの仏国土では、考えを伝える方法は、相手を凝視することであり、別の仏国土では身振りで、さらに他の所では、しかめ面や、目の動き、笑い、あくび、あるいは咳払いや、回想や、身震いで表現する。たとえば、大慧よ、凝視する人々の世界や妙香の世界、また普賢如来・応供・正覚者の仏国土では、菩薩たちは瞬きせず凝視することで、あらゆるものが不生であるとの認識や、また様々な最高の三昧を達成する。それゆえ、大慧よ、一切のものの妥当性は、言葉の真実には関わりない。この世界においても、大慧よ、蟻や蜂のような特別な生物の王国では、それらが言葉を使わずに黙々と役目に励むのが観察されるのである(五)。

私の注釈の一部をここに引用します[六]。

もしそうであれば、人間の意識ではかつて到達できなかった最高の体験を示そうとして、ただ指を立てたり、不可解な叫び声をあげる禅僧たちの行動も、何ら驚くにあたらない。もし私の心の中に応答する力もなく、他者から閃き出たものを受容しうるだけの目覚めがなければ、相手は言葉として考えられる最高の表現を使うかもしれないが、私の心にはその真実がまったく見えないままとなるかもしれない。しかしながら、もし二人に一致した調和があれば、一方が相手に触れるだけで他方の心に響くものがあるだろう。

この点で禅は、動物の生活を思い起こさせてくれます。動物は明快な言葉を使わず、ただ叫び、吠え、カーカー鳴くだけです。ある意味で禅は、こうした独特な伝達方法に通ずるところがあり、このことから、禅はまったく知的ではないが、しかもまた、いかなる可能な方法でも、もちろん知的回路を通してでも自己表現することが分かります。

この問答が行われるのは、しばしば説法の場となる禅堂や法堂だけではありません。必ずしも正式な儀式にかかわらずとも、たとえば畑や野原で作務に励んでいるときなど、師と弟子がいっしょにいるときなら、いつでも可能です。師匠は修行僧たちと共に語り、働きますが、道場維持の作務中にしばしば問答が交わされるのが禅の著しい特徴です。一方が問いを発し、他方がそれに答える。師と弟子のどちらからも、きっかけが作れます。時には禅匠同士のこともあり、僧同士のこともあります。問答は短く、警句的で、しばしばまるで謎のようでもあります。短く簡潔な表現にあふれ、幾通りにも理解が可能で、多くの異なる解釈を示唆しています。部外者の目には謎にみえる短い表現も、通じ合う者同士のあいだでは正しく理解できることはすでに述べた通りです。

臨済（?—八六七）は中国の偉大な禅匠で、その名をとった臨済宗の開祖ですが、あるときこの禅匠に一人の僧が問いました。「六世紀に菩提達磨が中国へやって来たその意味、目的、意図（祖師西来意）は何でしょうか(9—1)」と。

菩提達磨は、六世紀か七世紀に中国へ渡ったと考えられています。そして中国禅の始祖となりました。さて、この問いの意味はこうです。仏教の教理では、生きとし生けるもの、衆生にはすべて仏性、真実、実在、本来の自己が備わっている。もしそうならば、達磨がインドから中国へ渡り、衆生には本来すでに仏性が備わっていることを説く必要がどこにあるのか。何になるのか。大海を渡る危険な旅などまったく無用である。こうして私がおしゃべりするのもおよそ無意味だけれど、こうしたおしゃべりを楽しむ――これも人生というものです。

それで、その弟子は達磨がなぜやって来たのかを問いました。これは、最も頻繁に用いられる問いの一つで、とくに中国の禅仏教徒のあいだで盛んです。書物に記録されたことが、必ずしもその時代に実際に起きたとは限らない。歴史家の主観的態度が必ずしも正確とは言えないし、今日でも間違いが入り込む余地がある。法廷は客観的であろうと最大限に努力する場ですが、それでも主観性は残ります。私たちが人間である限り、ただ機械的にというわけにはゆきません。そして、これらの書物にどこまで信頼を置くかは別の問題です。歴史というものを知的訓練として活用するのは結構です。しかし、記録に残ることがそのまま客観的に起こった事実だと主張する歴史家がいたら[10]、残念ながらそれは、歴史を正しく読み取っていないからだと私は思います。

表面的にはこの問いはきわめてたわいないものに見えますが、よく考えてみると非常に重要なもので、これは、最も根本的な問いです。私たちはなぜここにいるのか。私たちのあれこれの行動、一体その意味は何か。人間存在の意味は何か。もし神がこの世界を創りたもうたのなら、なぜ私たちは神に背くのか。もし神が世界を創り、世界は神の意志に従うものならば、人が背いていると思うときでさえ、なぜ世界は神に背けるのか。神は、人間が従うも背くもどちらも望まれたが、そんなことがどうして可能なのか。神に背く私たちに、何が罪を懺悔させ、罪の意識をもたせるのか。神は世界を創造されたとき、人間が反逆を始めることは予知——もし神が全知全能ならば——できたはずです。なぜ人間を創るのか。人間は善も悪も行う。「プラニダーナ」(誓願)、つまり祈りや誓いのもつ意味は何か。

これらの問いがすべて、達磨の「西来意」には含まれている。表面的にはまったく単純に見えます。しかしながら、その弟子の師匠である臨済は、論理上の規範には従わず、世界を創造されたときの神と同じように自由でした。臨済の答えは、神自身と同様な自由な心から出たのです。「もし達磨に何か考えがあったなら、自分自身さえも救えなかっただ

ろう」(9―1)

もし達磨が中国へ来たときに、何か人間的な欲望をもっていたなら、もし何か考えや意図をもっていたなら、自分自身でさえ救えなかったろう、と。これが弟子の問いに対する臨済の答えであり、また無回答でもあります。同様な問いに対して、時には別な答えもあります。「お前さんが問うからだ」と。もし何か答えがあるとすれば、あなたがその答えです。あなたから出てくる答えではなく、あなたが答えです。

弟子はさらに続けます。「もし達磨に何も考えがなかったのなら、いかにして二祖は師から答えを得たのでしょうか」(9―2)と。

つまり、ある人から他の人へ何かを伝達する場合はどうか、ということです。達磨は自らの悟りを二祖に伝え、二祖は三祖に伝え、といった具合に伝法したと言われています。もし達磨が中国に来たとき、仏教を広める意図をもたなかったなら、一体いかにして人に法を理解してもらい、自覚や悟りや真理を伝達できたのか。もし達磨が中国へ来ても何ら意図がなかったら、なぜ二祖と呼ばれる人物が現れ、達磨の体験した真実を理解したと主張できたのか。そこのところをあなたが理解したら、もう真実を悟るのは簡単だと私は思います。

《原注》

（五）　南条文雄校訂梵本一〇五頁、拙訳英文『楞伽経』（ロンドン、ルートレッジ・ケガン・ポール出版社、一九五六年）、九一―九二頁。

（六）　英文『楞伽経の研究』一〇七―〇八頁。

3　禅の特徴を示す禅問答の紹介と分析

ブッダが悟り体験を得たときの、また達磨が悟り体験を得たときの、二人の体験はまさに同一のものでした。そしてこの同一性が認識されれば、真実はブッダから達磨へ伝わり、中国、東洋、世界の人々に伝わってゆくと言えます。この視点からすれば、伝法はなされています。仏教用語で言うブッダ、達磨、祖師たちなどによって同一体験が共有されています。こうした体験が起こると、体験する人はそれが普遍的、絶対的な真実だと確信します。これがダルマ（法）、真理の伝達、伝法と呼ばれるものです。しかし、別の視点からすれば、伝法などということは一切ない。こうしたことは禅ではまったく起こらない。私たちはただ、それがある人から他の人へ手渡されるかのように話すだけです。悟り体験が起こる場合は、それは普遍的、本質的で、誰でも体験でき、また体験するだろうと考えられます。悟りが普遍的だということの確信は、その体験に伴って生じる信念から生まれます。しかし、信念はまた誤解されやすいものです。

もちろん、神秘体験はあらゆるところで起こってきましたが、同一の用語では表現されていません。私の見解はこうです。その体験は根本的に同一だが、体験者の気質や環境などの条件によって変わる、と。こうした表面上の表現に影響するものは、過去の一切を含めた諸事情や、たぶん人種特有の心理、自然環境、それに体験の表現上の違いを生じさせる一切のものです。しかし体験自体は、たとえキリスト教、イスラム教、ユダヤ教、儒教、道教、仏教その他であっても同一なのです。当然ながら、心が体験の不明瞭化に大いに関わっているかもしれません。あることを語る側が意味しても、聴く側には自身の背景があります。誰かが人に向かって話しても、聴き手の側は自分自身の「土壌」に基づいて理解しようとします。その土壌の質は、種を成育させるか否かに大いに関わっています。現代の生活のあり方は、他人の味わった体験への理解を困難にするのに深く関係しています。このあとさらにこの話を深める予定ですが、私の知る限り、禅にはまだ西洋の人々にはなじめない独特の側面があります。禅には、自らのもつ限界や背景などがあるかもしれない。とはいえ、西洋は歴史的に制約を抱え、そんなに自由にはなれない。つまりある制約から、禅のような全き自由にはなれないように見えます。

さて、臨済への弟子の問いはきわめて自然なものです。もし中国へ渡った達磨が伝法への特別な思いや欲をもたなかったなら、なぜ二祖がいるのか。この問いは別の問いを生みます。いったいなぜ私たちは自己意識をもったのか。アダムとイブは、なぜ神の警告に逆らって林檎を食べたのか。これがまさに意識の始まりです。私たちは自分自身だけでなく、他の被造物を意識し、そこから社会意識が生まれます。人間はこうしたものを道具として利用し、世界を変革する。こうしたものを使って、私たちが願う何かの事業実現のために世界を変える。それは、すべて意識の結果であり、社会意識から生まれる個人同士の結びつきの結果です。「こうしたことがなぜ起こるのか」――これがその弟子の問いなのです。こんな問いと答えはたわいない無害なものに見えますが、どれも深い意味を秘めています。

臨済は答えました。「得たといわれるものは実は得なかったということなのだ(9—2)」と。得るとは実は得ないこと、成就は非成就のことなのです。二祖か誰かが、自分は非真理をもつと言うとき、この、非真理をもつというのは真理をもつということです。物があると言うとき、それは物がないという意味です。肯定は否定を意味するのです。普通に考えると、臨済のこの答えは、まったく答えになっていません。しかし、まさにそのままでそれが答えなのです。だから禅は一般的な方法では扱えません。神は、対象も、意図も、目的ももたない。神が世界を創られたとき、そこにあったのは知識の木ではなく、非知識という木でした。存在には目的がなくても、私たちは目的をもって生まれます。意識には何の意味もありません。誰が、何を、いかに――臨済によれば、これらの問いはみんな無意味ということです。

弟子はさらに問います。「どのような成就もないなら、この非成就とはどんな意味でしょうか(9—3)」

私たちには弟子の立場がすぐに理解できます。臨済が達成など何もありはしない、と言ったとき、もし弟子がその意味を理解していたなら、さらに問いを続けることはなかったでしょう。彼がその問いを自分から引き離すので、その問いには答えの出しようがないのです。彼は、自分で答える必要があります。なぜなら、その問いは彼自身から、つまりまったく問いのないところからきたものだからです。その弟子は、ひどい論理的矛盾に巻き込まれている。実在の意味は、その真如の相において自ずから現れるので、それまで弟子は問い続けざるを得ないのです。

臨済は、通常のレベルまで下りてきて答えます。「お前さんの問いは、止まるところを知らず、あちこち後追いするばかりのお前さん自身の心から出てきたものだ。賢く智慧もあるのに、自分に備わる頭をさておき、いつも他の頭を追いかけている。二祖の悟りの話を聞いて、(11)もしお前さんが自分の内なる光を灯していたら、問いはもはやなくなっていたことだろう。そこが分からないと、いつまでも問い続けることになる。もし私の教えた通りに実践するなら、お前さんの心と体は、ブッダや達磨や祖師方のものと別物でないと分かるだろう。完全な平穏に至る。これがダルマ（法）の成就ということだ」(9—3)、

この、外側ではなく内側の光へと転ずるということで、皆さんの中には、キリスト教の体験を思い起こす方もおられるでしょう。キリスト教徒は、時に外ではなく内なる光を話

題にします。しかし、実際のところ、禅には外も内もありません。成就ということがあり、成就は非成就により表現されるのです。

キリスト教徒によれば、一本の道、一本の通路があり、神が私たちのために作ったその一本道を、みんなが歩きます。ブッダは生存中に反逆に遭い、そのために地獄へ落ちたと言われています。[12] もし世界が神によって創られたものなら、何であれ神に逆らったり、反逆したりできるものだろうか。あるいは、それは自然の法則に従った自然なことなのだろうか。しかしこれは、相対的また絶対的意味で混乱しており、仏法の視点からは、地獄へ落ちることは悪いことではありません。通常の次元ではどうか。達磨は中国に渡らず、二祖はインドに一度も行かなかった――これは絶対的次元です。中国五代の時代に、あちらこちらと道場をめぐる行脚の僧がいました。長旅の途中で、石につまずき、つま先を痛めました。血がいっぱい流れましたが、この出血でその僧は「仏法」の何たるかを悟りました。[13] これは私たちの問いと同じで、臨済の弟子による最初の問いと同じものです。[14]

弟子の三番目の問い[15]は、「空性が破壊されたら、どこに安全に立つことができるか」という問いと同じです。さて、空性とは誰にも立っておれない場所ですが、その空性が破壊されるとなると、休息の場所を手に入れるのは二倍困難になります。これらの問いはみんな同一方向を指していて、答えもまた同一です。禅がこうした問いを投げかけるのは興味深いことです。他の宗教や哲学の歴史を通して、このような問い、とくに三番目のような問いがなされたことは聞いたことがありません。

もう一つの問いも実質的に同じです。ある僧が道場にやって来て、師に問いました。「私はひどい貧乏に苦しんでいて、何もなく本当に貧しいのです。どうか何かを恵んでください。どうかお助けください」

師は僧の名を呼び、僧は答えました。そこで師は言いました。「お前さん、村にいたときは、いい酒をずいぶん飲んでいたというのに、それでも酒で自分の唇を濡らしたことがないと言うのかね」。つまり、あなたはすでに十分もっていて、あなたが何もないと言うときはすでに何かを手にしている、ということです(16)。

臨済が行脚の僧として各地を回っていたころ、鳳林《ほうりん》と呼ばれる所に向かって歩いていました。当時の唐代は、禅が最も盛んな状況だったと思いますが、僧だけでなく、老女たちの名も登場します。この鳳林の道場への途中、臨済はそういう名高い老女の一人に出会いました。その老女は、どこにお出でかと問います。

臨済「鳳林に行くところです」

老女「師は出かけておられますよ」

臨済「どこへお出かけか」

老女は何も答えずに歩きだした。臨済が呼び返した。老女が振り向くと臨済はすかさず歩きだした(17)。

ここでは、何も特別なことは言わずに、歩いてどこかへ行ったのです。——ここには暗示がいっぱい含まれています。

また別の折、臨済は明化《みょうけ》という場所に向かっていました(18—1)。

明化「[和尚]が問う。「おい君、行ったり来たり何をしている。何の意味があるか。誰の役にも立ちはしないのに」

臨済が答える。「その通り、ただ草鞋を擦り減らせるだけのことです」

明化「それで、とどのつまりの結論は何か(18—2)」

臨済「この老いぼれ、話の筋が何も分かっていない(18—3)」——これを言い換えれば、臨済は「この老いぼれ、禅がまったく分かっていない」ということでしょう。

この問答はたわいなく聞こえますが、時にはさらに展開することがあります。

一人の禅匠（普化《ふけ》）がいましたが、風変わりな振る舞いをする実に奇妙な人でした。ある日、臨済は、この人といっしょに信者の家へ食事の供養に招待されました。臨済が言う。「一本の髪の毛が大海を呑み込み、須弥山が一粒の芥子に収まる（毛呑巨海、芥納須弥）」という言葉があるが、これは不可思議な神通力か、それとも最初から本体そのままか」

普化は、食卓全体をひっくり返し、足で蹴飛ばした——ただ押すのではなく、蹴り飛ばしたのです。

臨済「何と乱暴なことだ」

普化「ここをどこだと思って乱暴だの、綿密だのと言うのか[19-1]」

翌日また、臨済はこの人物と共に別の家へ食事の供養に招かれました。

臨済「今日の御馳走は昨日と比べてどうかな」

普化はまた同じように食卓を蹴倒しました。

臨済「それでまあよかろう。そのやり方でよいにはよいが、それにしても乱暴すぎる」

普化が答える。「何も見えていない愚か者め。仏教に乱暴とか綿密と断定するものが何かあるか」と。実在そのものは、こうした二元論的な述語を超越するのです。

こんなことは日常のことでならありえますが、それにしても、食卓を蹴倒すのはいささかやりすぎに思えます。こんなことは知的な議論の主題にはなりませんが、これらの問答、この振る舞いの裏にはもっと深い何かが働いています。二人の禅匠たちは、ただ形而上的または論理的な推論によって行動しているわけではありません。それ以上の何か——洞察力や直観、それに禅の信仰があったに違いない。ただしこの信仰は、禅で言う信であって、西洋で使われる意味の、知覚や合理性に対するものとしての信仰とは違います。

この風変わりな禅匠は街頭で鈴を鳴らして歩き回り、こう告げました。「もし明るさから来るなら明るさで打ち払い、暗さで来るなら暗さで打ち払おう。もし八面（四方の二倍、全方向）から来るなら、旋風のように回って打ち倒し、何もつかむところのない虚空から来るなら、から竿で連打して始末しよう」——こんなことを言って歩いて回っていたのです。肯定でやって来るなら肯定で対応する。否定で来るなら否定で対応する。もし不規則に四方八方から来るなら、つむじ風のように対応する。もし青天の霹靂のように来るなら、から竿で連打して対応する。これは何か嫌がらせみたいですが、そんな意味ではありません。

臨済はこの禅匠のことを耳にして、侍者に、その男がこう言っているところを捕まえて、「もしそのどれでもないところから来たら、どうする」と言うように命じました。すべての否定が否定され、すべての肯定もまた否定されるとき、彼はどのように振る舞うのか、何をするのかを見なければなりません。

侍者は命じられた通りに、その禅匠を捕まえて、そのどこからでもないところから来たらどうするかを問いました。

禅匠はその侍者を突き放して言いました。「明日、大悲院で食事の供養があって坊さんがみんな招かれるようだ」

侍者の報告を聞いた臨済は言いました。「あの男がただものでないことは気づいていたが、やはり本物だったな」(19—3)

さて、もう一つ、「祖師西来意」の例をあげましょう。この句の意味は「仏教の教えや悟りの本質は何か」という問いと同じです。

この問いに対して、趙州は「庭前の柏樹子」と答えました。庭に一本の常緑樹が立っていて、趙州はそれを見たのです。

僧「老師、客観的手段（境）で示さないでください」

趙州「わしは客観的手段を用いていない」

僧「それでは、禅の真髄は何ですか」

趙州「庭前の柏樹子[20]」

この僧の心はまだ抽象的思考の域にあり、それゆえ僧の心の中では、主体と客体が分かれています[21]。

この問答が有名になって、他の禅匠と亡くなった趙州の弟子とのあいだで、次の問答が交わされました。

二番目の禅匠「趙州に柏樹子の問答があることは分かったが、さて真相はどうか[22]」

僧「違います」

二番目の禅匠「だがわしと話した者はみんな、その問答があったと言っている。お前さんはどうして否定できるのか」

僧「今は亡き師匠はそんなことを言っておられません。私の師匠をおとしめないでください」

中国人は、インド人のように抽象的な思弁に傾倒することはありません。儒教の体系は実用的であって、形而上学的ではありません。老子はきわめて抽象的で神秘的ですが、インドと違って体系的と呼ばれるような形態には発展させませんでした。中国は常に実用的であり、この実用的傾向が禅とその問答に反映されているのです。

《講義Ⅱ　編者注》

（1）　クリスティーナ・ジョージーナ・ロセッティ（一八三〇—一八九四）、イギリスの詩人。ゲイブリエル・チャールズ・ダンテ・ロセッティ（一八二八—一八八二）、詩人・画家の妹。

（2—1）　十五世紀の禅者で著者のいう内容の発言をした人物は、特定できていない。時代的には、これは中国では明代、日本では室町時代である。日本では一休宗純（一三九四—一四八一）が漢詩集『狂雲集』によって有名で、その詩集は禅者についての批判的な言及が多く見られるが、著者のいう内容への言及は見られない。

（2—2）　雲門文偃（八六四—九四九）。『雲門広録』巻中（T47, No. 1988, 560b）、第一五七則。

（3）『ダンマパダ』第一五三偈に用いられている用語「家屋の作者」について著者は、講演「仏教の神秘主義」で取り上げている。角川選書『禅八講』（二〇一三年）、第五章、一八二頁参照。

（4）今北洪川（一八一六―一八九二）。大拙の著書『今北洪川』昭和二十一年刊（全集第二六巻所収）「洪川老師伝」に、二十五歳で出家し禅修行を始めた洪川が二十七歳のとき、深い三昧の中で悟境に入って作ったとされる偈が引用されている、その第一、二句「疎闊（＝久闊）なり孔夫子　相逢う阿堵（＝眼）の中」が、ここで言及されているもののようである。大拙は、一八九一年（二十一歳）七月から鎌倉・円覚寺で洪川に参禅し、九二年一月十六日、洪川老師死去の際に居合わせている。

（5）巌頭全豁（八二八―八八七）。『景徳伝灯録』巻一六によると、（唐代の終わり頃）盗賊の大群が巌頭和尚の寺にやって来たが、和尚が何の贈り物も提供しないことで和尚を責めて剣を和尚の身体に突き刺した。和尚はまったく落ち着いて、大きな叫び声をあげて死んだ。その声は何十里も離れた所まで聞こえた。光啓三年四月八日のことであった、と。この出来事に非常に悩まされた禅修行者が、日本の年若い僧、白隠慧鶴（一六八五―一七六八）であった。白隠の自伝『壁生草《いつまでぐさ》』によると、二十四歳のとき、宝永五年（一七〇八）二月十七日、越後地区のある寺の後ろの墓地で、七日間ひとり断食して坐禅しているうちに寺の鐘の音を聞いた。そのときこの若者は、巌頭和尚が現在することを悟ったという。

（6）インド神話の、幸運と暗黒との二人の女神、マハーシュリー（功徳大天）とカーララートリ（黒闇）。大乗の『大般涅槃経』巻一二、聖行品（T12, No. 374, 435bc）。

（7）ウィリアム・ワーズワース（一七七〇―一八五〇）、イギリスの詩人。著者が言及する作品は、『叙情詩、幼少時の回想から受ける不滅の事例の暗示』（一八〇四年に完成）と『序曲』（一八〇五年）、「嬰児に祝福あれ」か。『対訳ワーズワース詩集』山内久明編、岩波文庫、（一九九八年発行）参照。

（8） 著者が引用する『楞伽経』の文（南条文雄校訂梵本一〇五頁、T16, No. 670, 493ab）には、理解の困難ないくつかの表現が含まれている。それらの読み方を以下に記す。

一、「瞬きせずに見つめる」。講義Iの編者注（10）で述べたように、ゴータマ・ブッダは樹下で悟りを得たあと、七日間瞬き一つせずに、感謝の気持ちを伝えるためにその木を見上げ続けたと言われる。

二、「普賢」を如来の名として挙げる経典は『楞伽経』以外には知られていない。『仏華厳経』では、ゴータマの成道の根源的な普遍性を祝福して、普賢という名の菩薩がどこかから姿を現したとされる。『楞伽経』がこれを受けたことは明らかである。

三、「土地を思い出すことで、あるいは身体を震わすことで、真実を伝える」とされる。おそらくは、何らかの自然または人為の災害によって故郷の土地を失ったことを歎き悲しみながら思い出し、または身を振わせて伝える、ということかと思われる。

（9―1） 臨済義玄（?―八六六）。『四家語録』巻六、三〇b。このあと著者は、臨済がこの僧の三つの質問に次々と答える様子を説明する。編者注、（9―1）、（9―2）、（9―2）、（9―3）、（9―3）参照。

（10） "That"で始まる従属節の前に編者が次の語を補った。
[……と主張する歴史家がいたら、]

(11)「達磨の」を「二祖の」に訂正した。「いかにして二祖は師の答えを得たのでしょうか」と問う弟子に師は言った、「得たと言われるものは実は得なかったということなのだ」(問、云何二祖得法。師云、得者是不得)。(『四家語録』巻六、三〇b)。

(12)著者の記憶はおそらく、インドの古代仏教徒たちの間に伝えられていた次のような神話的な話に由来するものと思われる。梵文『根本説一切有部の律の記録』第二部の「サンガの分裂の記録」章に、デーヴァダッタが三つの大罪を犯したいきさつが描写されている(Buddhist Sanskrit Texts No. 16, p. 188)。同じ章でブッダ・シャカムニは弟子たちに次のように言ったとされる。

「デーヴァダッタに私は何の清浄な本性をも見ることができないので、彼の成道を予言することができない。それどころか、彼は悪趣に一カルパの間癒されることなく留まることになろう」

デーヴァダッタは、しかし、悪趣にではなく現世において身体が地獄の火で真っ赤に焼けたため、叫んだ、「私の身体が燃えている、身体が燃えている」と。アーナンダは、身内の一人であるデーヴァダッタを哀れに思って、ブッダに帰依するように助言した。デーヴァダッタは、自分の行為の結果に苦しむあまり、腹の底からこう言った。

「私は、骨ばかりになって、しっかり立っていることもできませんが、ブッダ・世尊に帰依いたします」

そう言うや否や、彼は地獄に落ちた。そこでブッダは、弟子たちに次のように言われた。

「デーヴァダッタは、善根を強めた。無間地獄に一カルパの間留まった後、彼は独覚者アスティマン（無骨者）として成道しよう。その後、なぜこのように長い間生死を繰り返したかということに深く思いを凝らし、遂には身体から炎を発して燃え、雨を降らせ、落雷を起こし、そして完全な消滅をもって死ぬだろう」と（一九二頁）。

この後、ブッダの二人の弟子、シャーリプトラとマウドガリヤーナとがブッダに代わって無間地獄に入り、地獄の苦を受ける群衆の中からデーヴァダッタを見つけ出して、彼が成道するというブッダの予言を伝えた（一八六―九三頁、T二四、一四七―五〇頁）。

（13）　著者が言及する前者は、雪峯義存（八二二―九〇八）の法嗣、玄沙師備（八三五―九〇八）のことである。『祖堂集』巻一〇によると、雪峯はある日、玄沙に呼びかけて言った、「備兄弟よ、君は今まで諸師を訪ねたことがないが、一度回って来てはどうだい」。同じことを四度言われて、玄沙は相手の熱意を知り、旅支度をして寺を出た。雪峯山頂に着いたとき玄沙は岩につまずいて、その場で大悟を果たした。その後、彼は思わず叫んで言った、「達摩は来たことがなかったのだ、二祖には何も承け継ぐものがなかったのだ」と。

（14）〈9―1〉「達磨が六世紀にこの国にやって来たのは、どういう考え、意志、意図があってのことですか」

（15）〈9―3〉「何にも得ることがなければ、得ることがなかったというこのことは一体どういうことですか」

（16）　著者は『無門関』第一〇則、曹山本寂（八四〇―九〇一）と清税との問答を引用している。元は『景徳伝灯録』巻一七（曹山の項、「清鋭」）。（京都、禅文化研究所、西口芳男氏のご教示による）。

（17）『四家語録』巻六、三五b。女性に行き先を聞かれて言った臨済の言葉、「鳳林去」の初め二字分と、問答の終わり、女性が振り向いたとき、「師便行」、の終わり二字分の空白とを、それぞれ「鳳林」「すぐに立ち去った」で埋める必要がある。

（18―1）「到明化」の終わり二字分の空白を「明化」で埋める。同じく『四家語録』巻六、三五b。

（18―2）著者が「禅」とするところを、「話の筋道」とする。本文では「師云老漢話頭也不識」とある箇所。

（18―3）著者が臨済の言葉を言い換えて、「この老人は禅も分かっていない」と言いたかったのだという。

（19―1）臨済と普化（生没年不明）との問答、『四家語録』巻六ab。

（19―2）臨済と普化、同上、六b。

（19―3）臨済と普化、同上、七a。空白（五七頁、二四）には「大悲院」の語を補う。

（20）趙州従諗（七七八―八九七）、『趙州録』巻上六a、『古尊宿語要』巻一。

（21）「師の心に」を「僧の心に」とする。

（22）原稿ではこの問答は終結していない。公案集『宗門統要』巻五によれば、これは法眼文益（八八五―九三八）と、趙州の弟子、光孝慧覚（生没年不明）との間に交わされた問答であることが分かる。

光孝が法眼の道場に来たので、法眼が尋ねた「どこから来られたか」。光孝「趙州からです」

法眼「趙州和尚には柏樹の話があったと聞くが、その通りか」

〈光孝「それは、ありません」

法眼「私が会った人は誰もみな、あの問答のことをいう、僧『達磨が西方から来られた意図は何でしょうか』。趙州『庭先の柏樹だ』と。君は、どうして、なかったと言うのか」

光孝「先師は本当のところ、そんなことを言っておられません（先師実無此語）。先師を謗らないでほしいものです」〉

後世、大慧宗杲（一〇八九—一一六三）は『宗門統要』からこの問答を自分自身の公案集『正法眼蔵』巻上、第一四七則に引いた。光孝は、分別に基づくどのような理解をも斥けることで、師の言葉が提示する理解の困難さを論理的に解決する道を辿るよりは、師の言葉を理解できない自分の過失を敢えて露呈したと思われる。原稿の空白箇所のあとの著者のコメントは、故ある哉である。趙州和尚の真の意図はこういうことである。すなわち、達磨が中国に来た目的は、人々に現実の実相を悟らせるためであった。その実相とは、人が自分の外にあると見なすものは、どういう種類の「外性」をも離れている。汝の面前の柏樹は、汝自身だ、と。

原稿の空白箇所（上記問答中の〈……〉に相当する部分）を編者は訳文を次のように補った。

僧、「違います（以下、略）」

講義Ⅲ　体験としての般若の直観

1　禅の直観――実在を全体として、また日常生活を一体として把握

しかし、ブッダの悟りの内容について、私の解釈は、悟りが何を意味するかを説明していません。相対的に見て、ブッダの悟りには二つの面があります。一方は心理学的側面で、ブッダの感じ方、克服、また絶対意志の主張です。他方は認識論的側面で、知性的要素、全知です。全知は、あらゆる個別の事物についての知識ではなく、あらゆる個別の知識の根底にある基本的で純粋な知識であり、あらゆる個別の体験の根底にある純粋体験であって、概念化である抽象的で一般化した体験ではありません。すでに見てきた通り、悟りにおいて、それは、あらゆる個別的な体験を貫く純粋体験であり、個別化は不可能なのです。

悟りのもつこの知的な側面は、般若《プラジュニャー》、あるいは般若の直観《インチューイション》であり、統一《ユニティ》、全体性《トータリティ》を洞察するものです。中国人は、般若は定《じょう》、定は般若、両者は別物ではない、と言います。これが中国人の禅の解釈です。慧能の『六祖壇経』によれば、定なき般若は本物ではなく、般若なき定も本物ではない(1)。定の究極的な段階がまさに般若であり、他方を欠く一方だけでは駄目です。中国的解釈では、まさに生活において般若即定なのです(2)。それゆえ、禅はまさに定であり、定の過程そのものを欠くことが定なのです。

もちろん、この般若の直観は、ふだん私たちが口にする直観とは別の種類のものです。私たちが言う直観は部分的であって、全体的ではありません。般若の直観は、まったく異なる内容のものであり、英語には、これに当たる言葉がありません。直観自体には少なくとも二種類があって、一方は感覚的な直観で、いつも相対的次元で働き、常に感覚の感受性に限定され、常に有限です。他方の機動的な直観は、常に実在を全体性、真如《サッチネス》の側面から把握して、感覚などに限定されず、常に範囲は無限です。般若の直観は、ある意味で、通常の直観が無限なる統一体の形に統一されたものと言えます。私たちというこの存在は有限ではないから囲い込むことはできませんが、実在の全体性もまた決定的には把握できません。

般若は、サンスクリット語の二つの単語、接頭辞「プラ」と「ジュニャー」とをつなげた言葉です。その意味を辞書から拾ってみると次の通りです。

*pra-*の前に、の前面に。著しく、過度に。

jñā（動詞）知る、と知り合う。気づく、感知する、理解する、体験する。調査する。確認する。

jña（名詞）賢明な教養人。

prajñā（動詞）知る、理解する。区別する、識別する。～に気がつく、見出す、発見する。（使役動詞の形）*prajñāpayati*「方法を」示す、指摘する。

prajñā（名詞）叡智、知性、理解力。洞察力、識別力、判断力。

仏教語の用例でも、英語の直観という単語との関連でも、プラジュニャー（*prajñā*）はこれらの定義の大部分を含んでいて、一語でもたとえ数語であっても翻訳は無理です。たぶん*pra-*は、どの英単語よりもドイツ語の*Ur-*（根本的な）にもっと近いでしょうが、ただ*Ur-*では*pra-*の強調する意味が十分に強調されてはいません。名詞としての*prajñā*は、ふつう*wisdom*と英訳されます。「すべてを把握する根源的な認識力」というのが、たぶんその意味をくんだましな英訳ですが、英訳せず原語のままにするのがよいと思います。

般若は、それ自体が完璧で、限度も限界もなく、空間、時間、業《カルマ》、善や悪に無関係です。般若には、それ自体に限定されるものはないが、各自それぞれの力量に応じて、異なる深さにまで透徹できる。たとえば、力量不足のダイバーは、技量の勝るダイバーには可能な深さの海底まで潜れませんが、それと同じです。知性は分析し、何もかも構成部分へと解体して、個々を別々に、そして最終的には部分の集合として理解しようとします。実在把握の方法として、分析的推論は不可能です。なぜなら分析には常に限界があり、結果を見るためには分析活動を止める必要があります。分析は、実在の全体性をそのまま受容できないが、それを担うのが般若の機能なのです。般若の直観は、実在が永遠に動くままに把握します。それは、全体性そのままの様相として、真如の相において実在を把握するのであって、決して部分においてではない。事実、部分は決して全体と一致しないからです。

事物のもつこの全体性はとらえどころがなく、全体がここで終わる、あそこで終わる、などとは言えない。ふつう、私たちの話題がこの全体性に及ぶとき、ものごとには限界がつきものだと考えます。しかし、般若の直観による把握には制限がない。実在には、実際に何の制約もありません。しかし、知性によって把握不可能な何かを無制限に理解することは、知性を超えています。知性はそれ自体が制約されており、何かを理解しようとしても、その働きを制約することしかできません。他方、般若は「過激」です。物の把握の仕方は、無限の相においてであり、何の制約もありません。般若の直観は、感覚による知覚――身体の五感および心の働き――を超えて、無限を把握し直観します。般若は無限に広がる全体を把握し、しかも般若はこの実在を受容できるのです。多くの仏教学者、とりわけ初期の時代の人は、般若の真の意味を理解していなかったようですが、このことは特に西洋の学者について言えます。

仏教哲学は、この般若の直観に依り、それに基づいています。これは、限りなく拡大し、終わりなく生成する永遠の相を洞察します。空間の無限なる広がりと時間の終末までの進行とは、ともに般若の直観において把握されるのです。そして、この二つの動きには二方向があり、前進はもちろん後退も、未来はもちろん過去へもまた向かいます。もちろん、前進・後退、また過去・未来には、「いま」「ここ」が含まれますが、これについてはあとで、もう少し詳しく取り上げましょう。このように般若が理解されると、この般若の直観は、私たち自身の生活に溶け込むことになります。そして般若の直観は、ただの知的理解でなく、一つの体験となるのです。これについては別の視点からも論証できます。

仏教には、三学と呼ばれる修行形態があります。戒（道徳的訓練）と、定（精神的訓練、静慮、静寂化、精神統一）と、慧（般若の直観）の三つです。もちろん戒は、人が道徳的存在である以上は不可欠です。定は、心が我執に振り回されず、よりよく目的を果たすために必要です。しかしながら、これら二つの訓練には、多かれ少なかれ、否定的で抑制的な面があります。その極まるところは般若であり、事物の直観的把握であり、これは仏教的な生活哲学の特徴です。そして全世界を、真如、実在、永遠の相において把握するのです。真如には、時間や空間といった限定する概念がないから、知的には理解できません。真如は、静的なものと考えられがちですが、実際には、事物を移りゆくままに把握する動的なものです。知性は、自らが適切な働きをするために媒体を必要としますが、この場合は否定が媒体となり、実在は自己否定によって把握されるのです。しかし般若の直観は、知性の媒体を無視して、事物をありのまま、全体的にとらえます。だから般若の直観は、いかなる媒体も必要としないのです。

仏教で言う「八正道」は、『法句経』では次の通りです。[3] 正見（正しい見方）、正思惟（正しい願い）、正語（正しい言葉）、正業（正しい行い）、正命（正しい生活）、正精進（正しい努力）、正念（正しい瞑想）、正定（正しい三昧）。「正しい」はサンマー、「正当な」、「誠実な」、「そうあるべき」といった意味です。

それでは、なぜ始めが「正見」で、最後が「三昧」なのか。私の解釈では、これら八項目の順序は、進展の順序ではないようです。「三昧」から始まり「正見」で終わるのも可能だし、すべて順序を逆にできるかもしれない。私の考えでは、中ほどの項目はそれほど不可欠とも言えません。ここでは「三昧」が「定」の代わりに使われており、これは瞑想の過程ではなく結果です。「三昧」に達して初めて、「正見」の本質は「三昧」にかかっていることが理解できます。しかしながら、実際には、「正定」は心の状態であり、それ自体が「正見」ではないし、「真如」の相において物事を見ることでもありません。「正定」は、完全な一体化の状態ですが、この一体化は「正見」をもつ前に差別化せねばなりません。いま「前に」と言いましたが、ここには時間の上の前後はありません。本物の「三昧」の状態に至ると、そこには必ず差別化への動きが生まれます。それが「正見」です。

私が一本の花を真如の相において見るとき、私が花を見るだけでなく、花がまた私を見ているのです。花と私のあいだには、相互の浸透や相関があるに違いない。客体は主体と一体になり、主体は客体と一体になる。それが相互であれば、正しい一体化である「正定」が実現します。客観的に見るだけでは本当の「正見」とは言えない。一体化は相互であるべきで、この相互の一体化があれば、動きを欠いた静的状態の三昧に停滞できなくなります。一体化の状態が打ち破られる必要があり、そして事物をあるがままに見る「正見」となるのです。その発現こそ般若の直観であり、仏教哲学の根本なのです。常にこの般若の直観に基づき、常に最も純粋な形でこの般若の直観を見ようとすることで、禅やその他の哲学の構築が可能になります。もちろんブッダの悟り体験は、まさにこの般若の直観にほかなりません。仏教の説明を試みるたいていの学者が、仏教を理性中心に解釈する結果、仏教の教えや本来あるべき意味を正当に理解できないのです。

すでに私は、問答について紹介し、また肉体的、身体的な身振りによる表現力に関連した『楞伽経』の一節を紹介しました。(一) ここで思い出していただきたいのは、伝達方法には言葉以外の方法があり、それが般若の直観がよく用いる手段だということです。時には、眼くばせのように顔の筋肉を収縮させるだけで、裏に隠された思いが十分に伝わります。般若の直観はこれに似た何かです。ただの絶叫でも、それ自体には何ら意味がないのに、時にはそれで十分なことがあります。これは人類が大いに進化をとげて不要となったと思える手段です。それでも禅匠は、犬や猫などの動物たちと同じく、この原始的、古代的な伝達方法を用いるのです。この叫び声や絶叫には、伝達のもつ概念的要素をすべて断ち切る意図があります。この方法は、中国で発達したもので、さまざまな宗教の中でも禅が独特である理由はここにあり、もし禅が宗教だとするなら、それは確かな宗教体験です。

これに関連して、私は、般若の直観とは透視力のことかと訊かれたことがあります。私の答えは「まったく違う」です。皆さんがそこにいて私はここにいる。このとき何らかの形で透視力が働くことがあるかもしれません。私にはすべての過去や未来が見える。しかし心理学者の言う奇跡的な力は、般若の直観のどこにもありません。透視力が仏教に入ることは正当ではありません。ただ、仮に気質により副産物として生じたとしても、禅の般若の直観とは実質的に無関係です。禅はこの透視力にはかかわらず、それが発達したとしても関心はもちません。ブッダのある弟子の話ですが、彼は超能力を使って人々を仏教徒に改宗させようとしました。それがブッダの耳に入り、こうしたことは禁止されたのです。

さらに私が言いたいのは、禅がこの般若の直観を用いても、何の危険も冒さず、何の危険にもさらされないことです。西洋の神学者は、信仰をもつに当たり、理性の働かない未知の世界へと踏み込みます。私の考えでは、彼らは信仰を理性に対立するものと理解しているようです。彼らが信仰を選択すると、その決心は責任を意味します。自分がどこへ向かうのか分からないので、ある種の不安感が残ります。理性と信仰とが対照的なものとなり、理性と信仰のあいだにかける橋を知りません。彼らにとって、理性に関することはすべて信仰に対立し、信仰に関することのすべては理性に対立するから、信仰を理性的に引き出すのは無理です。また、信仰上の何かを受け入れるときには、あらゆる危険を冒すと言います。禅仏教徒がとりわけこれに反対なのは、禅には冒すべき危険などないからです。禅では信心は直観であり、直観は信心だからです。意志が覚醒し、この覚醒から開けてくる道の上には何の危険もないし、この道を歩む人に危険を与える何物もないのです。

思想家の中には、純理的理性とともに実践的理性があると言う人もいます。しかし、この実践的理性は、実践的理性の底にある純理的理性から分離が可能ではなく、純理的理性なくして実践的理性は働きません。もし般若の直観に至ろうとすれば、私たちはただ純理的理性の道をたどらざるを得ず、そこには、間違いなく飛躍があります。しかし、純理的理性に満足できず自らを超越しようと思わせるものは、ほかならぬ般若の直観です。それゆえ般若の直観は、純理的理性自体の根底にあるものです。純理的理性によって舗装された道――危険が潜み、まったく安全とは言えない道――に沿って進み、信または直観に至ろうとするのでなく、順序を逆にして、この純理的理性のもとで働くものは何か、何がそれを機能させるのか、それを見ようとすべきです。歩みを後方へ反転する必要があります。純理的理性は実在自体の一部ではないため、ある種の停止に至らざるを得ないから、そのために危険をはらんでいるのです。しかし、振り返って中を覗き込むと、そこに静かに横たわる直観が見えます。それが純理的理性の働きを可能にするのです。

最近のキェルケゴール論の中に、この危険性が入り込んでいます(三)。たぶん、自分自身の将来について省察しながら、この論者は言います。

インカーネイションはパラドックスであり、理性によってはまったく考えられもせず、受け入れられもしない。それゆえ、それが最高の真実だという主張は、思想に限界を課し、質問者を不安の熱情に投げ込む。もし神の恩寵により、理性と経験とを無視し、信仰の情熱の中に潜むパラドックスに身を投ずる人は、「七万尋《ひろ》の深淵水上に臨んで」、あらゆる危険を冒すのである。

インカーネイションとは、神が人の姿で現れることです。キリスト教では、人間性と神性は一体にはなりません。

この危険性は、まったく私の理解を超えたものです。もし理性と経験を無視して、神に導かれるとしたら、なぜ神にその危険性を委ねないのか。それではまだ神に従っていることにはならず、信仰を純理的理性の働きの外に追いやろうと企てるものです。禅体験では、この直観は信心そのものだから、正しく対処するなら、知らない目標などないのです。禅の直観、般若の直観は、実在を全体としてとらえるので危険も絶望もありません。この論者は、信仰深さについてまで語っています。このような危険を冒すという考え方を、私は本当に理解できません。もちろん、神学者が理性を捨てると言うとき、彼らは実際にはまだ理性に従っているのです。

さて、哲学の世界では、一般的にこの悟り体験は、日常生活から分離したものと考えられ、そのように扱われます。それゆえ哲学者は、深遠な思想体系を構築するかもしれないが、必ずしもその思想を自ら生活の中で実践しません。その構築した思想と自分自身は、別々の異なる二つの存在として分離しています。しかし、禅はこの悟り体験を日常のものごとに還元してきました。この事実こそ禅の特徴で、この体験は、日常生活から分離し、かけ離れた別のことではありません。禅においては、哲学とその思想体系を構築する人とは一体です。ただし、この一体とはどういうことか、その説明は実際、難しいことです。通常は、ある思想体系が一方にあり、人は、自分自身からは離れたものとして、それに適応した生活をしようとします。そうなると、この思想は人より先を行くので、思想と自分自身の一体化のためには、思想を追ってずっと走り続けざるを得ません。しかし禅では、この思想は、思考の結果ではなく、悟り体験自体から生まれるものだから、思想の基盤は人にあって、人から分離した思想にはありません。

仏教の教えは、すべてブッダの悟り体験に由来するので、それらはブッダの思考からではなく、ブッダの体験からきています。禅には体験があり、禅の思考はその体験そのものからくるのです。かくして、禅の生活は思考であり、思考が生活となります。この悟り体験という基本的なことは、きわめて単純、直接的であり、即座に把握できます。それは徐々に、ゆっくり進んでゆく思考の結果ではないのです。それゆえそれは、般若という語を前につけた、般若の直観と呼ばれるのです。これは、単純で、直接的で、即時の、突然の、そして予期できないものです。もしそれが論理的過程であれば、結果は予期できるはずです。しかしそれは、電光のごとく瞬時に意識を通りぬけ、一点から別の一点に移動するのではなく、あらゆる地点を一挙に通過します。すべてが一瞬のうちに起こり、一、二、三というように進む普通の過程は何もありません。いわば、ゼロから無限へ、無限からゼロへと飛躍します。こうして、ゼロは無限、無限はゼロとなります。直観だから分析はできなくて、それ以上は踏み込めない何か根源的なもの、合理化を超えたものです。これが般若の直観を構成するものであり、悟り体験の内容です。これにより瞬時に根源的なものを、そして日常生活という個別的な体験をすべて貫く純粋な体験を手に入れるのです。この根源的な体験が自らのものになれば、個々の体験に沿った生活ができ、その都度それに適応させる努力はいりません。

この体験は突然ですが、悟りを得た後でも、禅の修行者は、さらに先の完全な円熟に至るまで、心理学的に多くの段階を進んでゆかねばなりません。悟り体験が十分に円熟し、その成熟の過程が終わっても、修行者は、根源的体験を個別の体験の一つひとつに応用するわけではありません。たとえば、芸術や手芸で身に着けた基本は、そのあと個々の場合に応用されますが、禅の修行者は、この種の熟練とは違って、個々の体験にその公式を応用することはありません。人生は、無数の個別の瞬間に分離すべきものではなく、個別の物事を貫いて続いてゆくものです。それゆえ、成熟の過程での経験を、ケース一、次にケース二といった具合に応用するのは無理です。人生はどの思考瞬間にも停止せず続いてゆきますが、この経験の意識は、形而上学的にはすべてそこにあります。しかし、生活が営まれ、生活が展開する中で、どの瞬間にも私は自分の全存在を生きます。私が話している一瞬一瞬に、私のすべてが現前しています。しかし、意識がこの一体性、全体性を意識しようとすると、まさにその試みが生きることを二分し、真実は失われる。全体的な生命を生き続けながら、しかも無意識のうちに意識するという方法で意識を保つこと——これが円熟への道です。

問題はこうです。私たちは、この絶対的現在を生きていますが[三]、同時に、絶対的現在などありません。それは現在が進行するからです。この現在は進行して未来に続きます。そしてそのことがなければ、私たちの人生は何の意味ももちません。もし生きることの未来への継続ということが概念化されたら、人生は知的にぶち壊しになります。しかし、未来を考えずにいかに生きてゆけるか。まさにこの瞬間は去って、次の瞬間はまだこない——そんなことを考える必要はない。人生をこうしたものと考えるあいだにも、事実、私たちは、この瞬間から次の瞬間へと生きている。しかし、実際に私たちが生きるとき、私たちは絶対的瞬間から絶対的瞬間へと生きます。哲学者は、この問題が自分に提起されれば、それを分析し、論理や討論法を組み立てて、この経過やこの体験を説明せねばなりません。哲学者は、初めに体験をもち、それから理性に頼るのではなく、しかも絶対的な意味においては、私たちの理性への要求をも満足させる方法でそれを提示すべきです。しかし今のところ、まだそれはなされていません。

《原注》

(一)　講義Ⅱ原注五参照。
(二)　ブラッカム、前掲書、四頁。
(三)　このあと論ずる予定である。

2　禅宗史上の逸話

それでは、禅の歴史に出てくる話をいくつか紹介して、これまで私が私自身にも皆さんにも分かるように努めてきた事柄の説明を補足しましょう。

羅漢和尚は、悟りを求めて師を訪ねました。師はその胸倉をつかまえて、一打しました。この一打によって羅漢和尚は悟りを得ることになり、俗語表現をいっぱい散りばめた詩を作りました(4—1)。

あれは咸通《かんつう》七年、わしは初めてブッダの道を究める決意
だが、どこへ行っても言葉ばかりで、ちんぷんかんぷん

わしの心は疑いの塊、まるで柳の籠じゃった
三年間、森の中、小川のほとりに棲んだが、いつも不幸のかたまり
ひょっこり出会った禅匠、坐を組んで敷物の上
わしは歩み寄り、疑問を解いてくだされと願い出た
師は、敷物の上、深い瞑想の坐から立ち上がって
腕をむき出し、こぶしでわしの胸に一撃を食らわす
その瞬間、わしの疑問の塊はこっぱみじん
頭をあげて、初めて太陽が円いと気がついた(4―2)
それからというもの、畏れも煩いもない(4―3)
世界中でいちばんの幸せ者だ
来る日も、来る日も、元気はつらつ
気がつけば、わしの心は満足至極
もはや食べ物もらいにあちこちと
托鉢なんぞに出ることもなし(四)

この疑いの塊というのは、きわめて特殊な言葉です。あなたが自分の身体の中に何か問題を抱えているとき、それは丸い塊のようにぐるぐる回り、なかなか解消しません。修行道場が、人里を離れた静かな山中にあることも注意すべきかもしれません。この話のような驚くべき出来事は、禅ではしばしば起こります。この詩にあるように、きわめて単純な体験ですが、確かに起こります。

香厳智閑《きょうげんちかん》（？―八〇九）は、潙山霊祐《いさんれいゆう》（七七一―八五三）のもとで修行しました。(5―1) 潙山は初めてこの若者を見て、直ちにきわめて有望なものをもっていることに気がつき、有能な禅匠に鍛え上げたいと考えました。そこですかさず、香厳に問いました。「お前さんが学問や経典から学んだことは問うまい。答えてほしいのは、お前さんがまだ母親の胎内から出てくる前、まだ分別意識をもたないときのお前さんの一句を聞きたい」(五)

この問いは、しばしば前置きなしに問われる質問です。「お前さんが、香厳智閑と呼ばれる存在になる前の、一個の人間となる前の、まだ存在のないときのお前さんが言える言葉を聞かせてほしい」。このことから、禅が一般に宗教と呼ばれるものとは違うことがすぐ分かります。敬虔さもなく、礼拝もなく、ただ実践的な問いがあるだけです。もちろん香厳は答えられませんでした。香厳はこの後も数回答えを試みましたが、その度に、潙山に突っぱねられました。あげくの果て、香厳は潙山に説明を求めましたが、潙山はやはり突っぱねて、こう言いました。「わしが説明すれば、それはわしの説明だ。お前さんには関係ないものになるぞ」と。香厳は自分の部屋に戻り、それまでに書き記したものをすべて取り出して、ふさわしい答えを探してみましたが、どんな語句も見つかりませんでした。絵に描いた餅は飢えた人にとって何の足しにもならない、と独り言をつぶやき、メモしたノートをみんな焼き捨て、二度と仏教など学ぶまいと誓いました。香厳は普通の僧となって、以後、精神的問いに煩わされぬようにしました。そして潙山のもとを去って、ある有名な禅匠の墓地を訪れ、その墓守をすることにしたのです。ある日、庭掃除をしているとき、石ころを掃き飛ばしました。その石は竹に当たって音を立てました。そしてその音が香厳を覚醒させたのです。悟りの体験です。こうして、自分の中の、生まれる前にすでにもっていた無意識の意識を自覚したのです。香厳は道場へ戻り、香をたいて、潙山への感謝を表しました。「偉大な慈悲あふれる師の心は、わが父母の心をも超えております。もしあのとき説明していただいていましたら、こんな体験がどうしてできましたでしょうか」。そして、詩を作りました。その初めの二行は次の通りです。

一撃所知を忘《ぼう》ず（石が竹に当たった音にはっとして、これまで学んだことはみんな忘れた）

更に修治を仮《か》らず（特別な訓練も教養も必要ない）

何も特別な表現も、特別な教養も必要としない。動くそのたびに、行動するそのたびに、生活のそれぞれの場面で、古《いにしえ》の道が示され、明らかにされる。と言っても、それはただの空っぽの静寂ではない。どこへ行こうとも、足跡も痕跡も残さず、ちょうど『法句経』(6)にあるように、痕跡なき痕跡なのです。この恐るべき言葉、「没縦跡《もっしょうせき》」は、その道を究めた人々から、きわめて大切に尊重されている言葉です(5—2)。

これは心理学的によい研究材料です。ここには、香厳がその問いに対して、いかに知性によって答えを求めようとしたか、その最初の試みが分かるからです。自分の書き記したノートに目を通し、哲学の本をみんなめくってみましたが、そうした知的な探求は何の役にも立ちませんでした。香厳は、師匠の指示をもらおうとしましたが、所詮、それは師匠の体験に過ぎなかったでしょう。自分自身を除いて、他からは何も得られません。ホワイトヘッドによれば、宗教はあなた自身と神とのあいだの最も個人的な事柄なのです[7]。香厳は、もはや何もすることができず、その試みを断念し、放棄して、自分の考える体験を得るために、潙山のもとを去りました。しかし、意識下では、ずっと無意識の努力を積み重ねていたに違いなく、意識上の考えとは違い、それが意識の表面に出ることはなかったのです。こうした香厳の努力は、意識の下で成熟のときを迎えていたに違いありません。そして彼の直観が、マッチのように乾いた草に火をつけました。無意識の中で、点火のチャンスをうかがっていたものがついに爆発し、すべてが炎に包まれたのです。禅の文学の中には、こうした興味深い体験がいっぱいあります。

さて、このような体験は、私たちの日常生活の次元で起こることが分かりました。ただ地面を掃く、石が当たって音を立てる、そして誰かが聞く、というだけの出来事ですが、これらの行動体験に伴って、その土台をなしている別の何かがあります。それは、その内側にはなく、そのような仕方で個別化されることはありません。この無意識体験は拡散し、無意識に私たちの日常生活の中にしみ込みます。だから、ここに例をあげた個別の体験は、この基本的無意識体験で満たされています。ある仏教徒たちの言葉を借りるなら、それは常に無意識の中にあって、時至り時宜を得てそれは表面に現れ、即時に実現するのです。求めずにいると自ずから現れるのです。人は、宗教的体験が自らの内側からでなく、それを超えたところから来ると感じます。仏教徒なら他力、キリスト教徒なら神の恩寵でしょう。人間の努力の果て、限界に達したところへ、外側からドアが開くのです、私たちの意識的努力の結果ではありません。このことと、意識、無意識の問題とは大いに関係があります。

もちろん、ここには矛盾があります。私たちは、意識的に努力しなければ、どこへもたどり着けません。しかし、あまりに熱心になると、まさにその熱心さが無意識のものの出現を妨げてしまいます。私たち誰もが、その仕事をやっているその人です。私たちはみんな観客でありながら、同時に、最も精魂を込めて自らそのことに携わる人なのです。問題はここにあります(8)。

日常体験は、次の問答に現れています。

のちに有名な指導者になったある僧が、あるとき尼僧道場を訪ねました(9—1)。僧は誰にともなく――誰に向かってかは記述がない――声をかけました。「ここがぴったりか快適だったら、ここにいることにしよう。さもなければ、椅子をひっくり返すまでだ」――つまり、引き返すというのです。僧は、ふだん問答が行われる禅堂に入ってゆくと、道場長である尼僧が入って来ました(9—2)。

尼僧「物見遊山で来られたのか、それとも仏法のためですか?」

僧「ここへ来たのは仏法のためです」

尼僧、椅子に腰を下ろして「今日はどちらから来られましたか」

僧「路口（辻の入り口）からです(9—3)」。この言葉は口に関係があり、このあとに言葉遊びが見られます。

尼僧「それなら、どうして口を閉じないのですか(9—4)」。禅には語るべきことはありません。もし語ろうと思うのなら、まず口を閉じることです。

僧は答えられず、初めて、主人、いや女主人に礼拝をしました。

のちに、ある禅者は、この問答にこうコメントしています。「私なら、こう答えたろう。

『それでは、どうして私がここに来られるのか』、あるいは『私がどうしてここにいるのか』と」(9―5)。この悟り体験は表現を超えています。問いと問う人とが一体だからです。もし「人と考える人と」と言えば、ここには分岐があり、一体は失われます。一体なしに悟りはないでしょう。主張は否定を含みます。説明には、口や手などにより何か表現されることが必要です。もし何も言うべきことがなく、もし絶対的一体の真っ只中にあれば、何も言えません――ただ、私はここにいる。

尼僧の境涯が自分より上だと気がついたその僧は、尼僧の優位を認めて礼拝してこう言いました。「この山はどんなところですか」――どこに道場があるか。

尼僧「頂上は見えません」

僧「この山の主人は誰ですか。または、どんな人が住んでいますか」

尼僧「女でも男でもありません」

僧は叫んで、「どうして何かに変身しないのですか」

尼僧「私は霊魂でもなく、幽霊でもありません。私にどのような変身をお望みか」(9―6)

これらの間答は、何ともたわいないものに聞こえます。――どこから来たかとか、ここに何があるか、といった具合です。宗教的な抽象性はなく、ただ日常の会話だけです。しかし、こうした対話と呼ぶにはあまりに短い問いと答えの中には、これは何か、また私の存在はどこから来たか、という大問題が問われています。僧が山について問うたのは、「究極の本体は何か」といった意味の問いなのです。「頂上は見えません」という尼僧の答えの意味は、「限界もなく、限定すべきものも何もありません」ということです。山頂は決して見えず、仏教徒なら、三十三天まで続くと言うでしょう。相対的には、この答えは答えではない。その代わり、それは僧の前に投げ出された絶対的実在そのものなのです。次に僧は、その山主が誰かを知ろうとしました。絶対なるもの、形のないものを話題にするとき、そこにはつかみ得るものは何もありません。しかし、私はここにおり、あなたはそこにいる。何かが出てくるに違いない。僧は、彼女が尼僧であり、主人、いや女主人だと知る。それゆえ僧は本当に尋ねていたのです、「あなたは誰か」と。尼僧が答えて言いました、実在には性別などなく、男も女もない、と。そこで僧は、尼僧を相対的レベルに引き下ろそうと試みますが、尼僧はそれを拒否します。これ以後、僧はその道場に三年間、庭師として留まりました。

もう一つの例も、九世紀ごろに諸国行脚中の尼僧に関わっています。男の僧と同じく、多くの尼僧もまた道場から道場へと修行行脚をしたに違いありません。この習慣は、中国で少なくとも共産主義者到来の時代までずっと続きました。今どうなっているかは知りません。この尼僧が訪れたのは、現在の中国に見られるような、簡単な作りの個人所有の祠で、管理人の倶胝《ぐてい》が、(10—1) 禅匠になる前、小さな庵を建てて住んでいました。尼僧は、大きな頭巾——たぶん外出時によく使われた帽子と思われますが——をかぶり、手に杖を持っていました。庵主は瞑想中で、尼僧は、彼の椅子の周りを三度回りました。これは住僧、すなわち庵主への敬意を表すインド式の作法です。

それから、杖を置いて言いました。「一句を言っていただければ、帽子を脱ぎましょう」。これは、実在の、言葉を超えた問題に切り込むもう一つの方法ですが、また言葉なしではそこへ入り込めません。尼僧はこれを三度繰り返したが、答えがないので、立ち去ろうとしました。

そこで庵主が言いました。「だいぶ遅くなったから、泊まってゆかれませんか」

尼僧「一句を言っていただければ、そうしましょう」

庵主から一言もないまま、尼僧は去った。「自分は一人前の顔をしてきたが、情けない未熟者だ」と庵主は考え、自ら行脚に出かけたいと思った。しかし、その晩、山の神霊が夢に現れて言った。「ここに留まるがよい。いつかは偉大な禅匠がここに訪ねて来て、お前さんが必要とする事柄を教えてくれよう」

十日後、偉大な師、天龍和尚（九世紀）がこの祠にやって来ました。そこで一夜を過ごし、さらに旅を続けるためです。これは当時の、ごく一般的な習慣です。庵主は、和尚に尼僧との問答をすべて話して指示を乞いました。和尚が一本指を立てると、庵主は直ちにその意味するところを悟りました。それは庵主が、尼僧との問答に神経が高ぶっていただけでなく、そのあとずっと自ら問い続けていたからに違いありません。さもなければ、この禅匠との問答によって、心が目覚めることはなかったでしょう。

今やこの庵主倶胝は禅匠となったが、これ以後は、説法をせずにただ一指を立てるだけだった。人々が訪ねて来て、倶胝のもとにいる少年に師匠のことを尋ねると、少年も、倶胝と同じようにただ一指を立てた。ある日、少年はこのことを師匠に話し、一指を立てたとたん、倶胝はその指を切り落とした(六)。少年の年齢は分かりませんが、泣いて走り去った。

倶胝は少年を呼び戻して一指を立てた。少年は師匠のまねをしようとしたが、そこには自分のいつもの指がなかった。その瞬間に、一指の意味を悟ったのです。

倶胝は死の床でこう言った。「わしは師匠から一つ学んだことがある。それが、一指を立てることだ。しかし、この指に込められた意味を、すべて使い尽くすことはできなかった。本当に深い意味がいっぱいあるから、使いきることができないのだ」

しかし、これで終わりではありません。この「一指」(10―2)については、のちに多くの評語が残されます。ある禅匠の評語では、「どんな素晴らしいご馳走でも、腹いっぱいの人は手をつけようともしない」と。この意味はこうです。このわずか一指の中に何か尽きぬ含蓄があろうが、それとてそんなに有難がることもあるまい、と。しかしながら、一般的に禅者たちの評語は、何ごとであれ、そのことの意味を説明することはまずなく、たいていは一種のあら探し的見解を述べるだけです。別の評語ではこうです。「もしわしの目の前で倶胝が一指を立てたら、へし折ってやるものを」。別の評語では、「とにかく、この男は何のつもりでそんなことを言ったのか」と。この意味はこうです。もし一つの主張をすると、それはそれの否定を伴っている。その否定には肯定が伴い、というふうに無限に続くことになる。別の評語、「もしこの男がそう言うとき、彼は是認しているのか、それとも是認しないのか。もし是認するなら、なぜ指をへし折ってやるなどと言うのか。もし是認できないのなら、倶胝の過ちはどこにあるのか(10―3)」

こうしたジレンマはよくあります。もし私たちが「これ」と言えば、二つのうちの一方を指します。一方を取ると、そこに他方が残ります。こうした両義性が常にあります。それゆえ、両方を超越する必要があるのです。二者が残されているところには、一もまたそこにある。さて、いかに一度に片づけるか。禅の特徴をなすものは、このことを抽象化しない点にあります。

しかし悟りは、事実上、般若《プラジュニャー》と慈悲《カルナー》という二本足で立っています。このことについては、あとでもう少し詳しく触れます。般若は知性的でいくぶん理知的であり、慈悲、同情は、行動意欲的です。これら二つ、智慧と慈悲とは、いわばブッダの悟りの構成要素と言ってよいでしょう。禅仏教徒は智慧の系列に傾き、他の仏教徒、とりわけ真宗信者は、悟りのもつ慈悲の側面を大いに強調します。この浄土真宗は、事実上、慈悲の顕現であり、禅は智慧の側面に由来します。小乗仏教はある意味で、慈悲を智慧ほどには強調しないのがきわだった特徴です。しかし、小乗仏教の智慧の概念は、大乗仏教のようには徹底していません。小乗が注目するのは、存在の相対的側面であり、大乗は存在のさらに奥深くに根を張っています。この点は後で触れます。

問う人と問いとの一体性を取り上げると、それは智慧の側面の強調になるかもしれません。しかし、この一体性を自覚するのは問う人自身であり、人間自身です。自己の一体性は般若の直観ですが、その般若の直観の裏では、人間が問う者です。こちらに悟りがあり、あちらに悟りの体験者がいる。悟りは智慧の側面に属し、体験は慈悲の側面です。こうも言えます。悟りはより形而上学的であり、体験はより心理学的である、と。智慧と慈悲とが人格を構成し、そこでは思想と思索者とが一体であるとも言えます。この人格が悟り体験をするのですが、この悟りは、悟りの体験者と体験自体とが不二のものとして体験されるのです。ここがいちばん理解しにくいところです。これを理解するには、体験そのものが必要です。この体験の合理的説明を試みると、いつも矛盾で終わります。言葉による論理に関する限り、それは決して解決できません。

《原注》

（四）『景徳伝灯録』巻一一。簡単な言及については、拙著『神秘主義』（一九五七年）、三四—三五頁。『中道』三〇（一九五三年）、五二頁。

（五）『景徳伝灯録』巻一一。拙著『禅の研究』（一九五五年）、一六一頁。

（六）もちろん、たとえば食肉解体業者のように熟練した人でなければ、このように指を切り落とすことは不可能だろう。中国語の表現は語数が少ないので、いかにして切り落としたかは不明である。実際には、ただ指を傷つけたにすぎないのかもしれない。

《講義Ⅲ　編者注》

（1）『六祖大師法宝壇経』（定慧第四、T四八、三五二c）。

（2）「プラジュニャーはディヤーナはプラジュニャー」を「プラジュニャーはディヤーナ」に訂正。

（3）「『ダンマパダ』一二三」を「『ダンマパダ』一九一」に訂正。著者は、八正道のパーリ名を挙げるために、ラーダクリシュナン著『ダンマパダ』（オックスフォード大学出版、一九五〇年）、一二三頁を引くが、そこには英訳第一九一偈、八正道の一々の名、および説明文が見られる。著者が頁番号を偈の番号と取り違えたと考えられる。

（4—1）漳州羅漢和尚（九世紀）、『景徳伝灯録』巻一一。羅漢和尚の師、関南道常（生没年不明、『景徳伝灯録』巻一〇）は馬祖道一の法嗣の一人である塩官斉安（?—八四二）の法嗣。著者は講義Ｉ（編者注8—1）でも羅漢和尚に言及する。

（4—2）　講義Ⅰで著者は「羅漢和尚が朝日を見た」と述べるが、ここの一〇行目は、「挙頭看見日初円」となっている。頭上の太陽はふつう、明るすぎて見ることができない。地平線近くでは明るいけれども丸く見える。講義Ⅰでの言及の方が、原文の訳としては、よりいっそう正確に思われる。

（4—3）「鄧鄧以碣碣」（「鳥がぐんぐん高くのぼるように」ということ）。

（5—1）　香厳智閑（?—八九八）は潙山霊祐（七七一—八五三）のもとで修行した。

（5—2）『景徳伝灯録』巻一一は香厳の悟りの偈として、漢字五文字からなる次の八句を挙げる。著者は最初の二句を英訳して挙げた後、残りの六句を順次敷衍、解説する。

一撃に所知を忘じ、更に修治を仮らず。動容、古路を揚げ、悄然の機に堕せず。処処に蹤迹無し、声色の外の威儀。諸方の達道の者、咸《みな》言う、上々の機と。

（6）『ダンマパダ』二五四、二五五。

「虚空に足跡はない、宗教者とは外の存在ではない。
人々は妄想を喜ぶ、如来たちは妄想を離れている」
「虚空に足跡はない、宗教者とは外の存在ではない。
現象の形成作用で永遠なものはない、ブッダたちに動揺はない」

（7）　英文原稿が「宗教は」云々をホワイトヘッドの言葉の引用とするのを修正して、著者の言葉とする。当初録音テープから原稿に書き起こした人は、これをホワイトヘッドの著作からの引用だと思い込み、それが大拙による解釈だとは考えつかなかったようである。マイケル・クイック氏（アメリカ・デューク大学大学院生）のご教示によれば、「宗教とは個人が自身の孤独さを処理するもの」というアルフレッド・ノース・ホワイトヘッドの有名な言葉が、その著書 *Religion in the making*, New York, The Macmillan Company, 1926, p. 16 に見られる、とのこと。大拙は、ホワイトヘッドのこの言葉について、一九六三年七月二十五日、バランキンという人宛の英文書簡で次のコメントをしているので、この講義での上の言葉が大拙による解釈であることが知られる。

これ［ホワイトヘッドの言う孤独］とは、彼のいわゆる「個人」のありのまま、すなわち「私があるがままの私だ」と言う神なのです。それはバランキンのありのまま、すなわち「学問」「蓋然性」「学究的」「東と西」等について語り書くそのありのままです（鈴木大拙全集第三九巻、三三七―三三八頁英文から訳出）。

（8） 原稿で七行の挿入英文「常に頭に浮かぶ、よいゴルフ・スイングの基本的なルールの一つ」の一節は、著者とは無関係な事項で、タイプ原稿作成者の関心事と思われ、削除した。

（9―1） 灌谿志閑（？―八九五）、臨済義玄の法嗣（『景徳伝灯録』巻一二）が尼僧院を訪れて問答を交わした相手、末山尼了然は、高安大愚の法嗣。『景徳伝灯録』巻一一。

（9―2） 『景徳伝灯録』原文では、「彼女は従者に命じて、彼に尋ねさせた」。

（9―3） 原文では、「路口を離れて」。

（9―4） 原文では、「何ぞ蓋却せざる」。

（9―5） 禾山《くわざん》無殷《むいん》（八八四―九六〇）。

（9―6） 原文によると、灌谿は、この後、尼僧院に留まり、三年間その野菜畑の管理を続けた。著者もこのことを本文の後の方で述べる。

（10―1）倶胝《ぐてい》（生没年不明）は神話的な存在で、その名はインド古代の数字体系で最高値を示す梵語「コーティ」に由来、さらに、これは『七コーティの数のブッダたちの母が唱えるチャンディー・ダーラニー・経』の題名の一部である。『景徳伝灯録』巻一一。

　尼僧の名「実際」の梵語「ブフータ・コーティ」は、現実の究極、空性を意味する。倶胝の師、天龍和尚（梵語、デーヴァ・ナーガ、龍神）も、神話的な響きをもつ。この和尚は、馬祖道一（七〇九―七八六）の法嗣の一人、大梅法常の法嗣とされる。

（10―2）このあと著者は、『景徳伝灯録』巻一一の現代版の倶胝和尚の項の末尾に付せられている、「一指」に関する四人の禅者のコメントを挙げる。すなわち、一、長慶慧稜《ちょうけいえりょう》（八五四―九三二）、二、玄沙師備《げんしゃしび》（八三五―九〇八）、三、行信玄覚（十世紀）、四、雲居清錫《うんごせいせき》（十世紀）である。著者は便宜上、第二の評者をX（訳文では「この男」）と呼ぶ。

（10―3）原稿の英文「もしも彼が認めなければ、なぜ彼は、生涯一指の意味を味わい尽くすことはできないと言ったのか」を、『景徳伝灯録』の原文（若不肯倶胝過什麼處）に従って「もしも彼が認めなければ、倶胝の過失はどこにあるのか」に訂正。

講義Ⅳ　悟り体験

1　無念――ゼロ意識

仏教と他の宗教とを最も明快に区別するものは、時間の観念です。この時間の観念は、とりわけこの悟り体験に関連して問題になってきます。ブッダが自らの問いに沈潜していたとき、もはや彼自身も消え、問いもまた消えていました。心が平衡状態にあったと言えましょう。さて、この完璧な一体化、また自己の一体化が達成されたときに指差して「そこだ」と言うとしても、もはや「そこ」は存在しない――それは過去に属します。まさにこの瞬間、この出来事――明けの明星の光が意識の中心に届く――が起こったこの瞬間が、絶対現在です。そのときは時間の三区分としての過去も、現在も、未来もなく、その体験自体には、以前も、今も、以後もないのです。

この絶対的瞬間、この無時間の時間の中で、ただ一つの波紋、ただ一つの「念」――時間の最小単位――一念が目醒めゆく――これはまさにこの瞬間のことで、一つの波紋が動くと言う前です。なぜなら、それが動くと言えば、無時間は終わって時間が始まるからです。ここで使う「前に」や「後に」という言葉は、きわめて紛らわしい。動かないと言えば、それはまだそこにはなく、動くと言えば、それはもう終わっているのです。この両者のあいだが絶対的現在で、この絶対的現在を自覚した瞬間が「悟り」であり、「菩提」なのです。言葉の使い方はきわめて紛らわしいものです。

最近、私は、この覚醒の瞬間を表すのに、「絶対的現在」という表現をもっと使いたいと考えるようになりました。「永遠の今」、「永遠の存在」、「静寂」その他の空間中心的、存在論的な用語に内包される静的な固定観念を避けるためです。空間の視点から表現するよりも、時間の視点からのほうがもっとよいと思います。とは言え、実際には、絶対的現在は時間と空間の両方を含むので、静的なものではありません。私が「まさにこの瞬間」と言うとき、それは過去も未来もすべて含み、絶対的現在から現れてくるので、どの方向へも動く傾向があります。一方へ動けばそれは過去であり、他方へ動けばそれは未来です。本当の現在はありません。絶対的現在は過去と未来との出会いであり、万物の中心です。そこは万物の創造が始まるまさにその場所、その時です。神が「光あれ」と叫んだ場所でも時でもなく、まさに神が叫ぼうとしたその場所、その時というまさにその瞬間――これこそが絶対的現在です。神が叫び声を発したとき、過去のすべてがそこに凝縮し、未来のすべては、そこから展開する準備ができているのです。

この絶対的現在は直観すべきものですが、直観的に感受したと言うときはもう遅すぎます。ふつう私たちは空間の視点から感受します。知性は感覚に属し、常に断片化しますが、「般若」は悟り体験の裏側にあって、仮にこんな言葉があればですが、完全無欠主義的《トータリスティック》です。知性が取り込むのは全体の一部分だけですが、「般若」の直観が取り込む全体性は有限ではありません。万が一それが有限ならば、その向こうにある何かを考えてみたくなります。「般若」の直観が、質の点で感覚の直感と違うことはみな知っています。「般若」の直観は無限に膨張し、無限に拡大して、万物を取り入れます。分裂のない「智慧」が「悟り」であり、個人による「般若」の自覚が「悟り」であり、「悟り」は私たちが無限の世界へ入る扉なのです。それゆえ「般若」の直観は、無限に対して開かれていて、閉鎖されてはいません。私が「無限に対して開かれ」と言うその意味は、点から点、そして無限へ、というのではなく、「般若」によって一体化された全体として、一者としての無限です。この点は、いくら強調しても足りません。なぜなら、これは知性に拘束されたものの見方にとって、あまりに異質なものだからです。この体験が得られれば、それは絶対現在を直観するのと同じです。

この無限は、何か否定的なものではなく、また、有限の否定されたものでもない。そうではなくて、無限は確固たる何かと考えるべきです。「確固とした」と私が言うと、皆さんは、それを自己限定的と解釈しがちです。これは定義が難しい。過程ととらえてもいけないし、一つの思想と理解してもいけない。無限そのものについては、残念ながら、あとで数字的にお話しせざるを得ません。「般若」の直観の対象としての無限は、言葉で表現するのはきわめて難しい。それゆえに、それは「般若」の直観なのです。他に何と言えましょうか。

この世でここにいる私たちに与えられたこの存在は、有限と無限の交差点です。

このことを省察すると、それは概念化の始まりです。二つの線の交差点には有限も無限もありません。しかし、私たちが省察すると、両方がそこにあります。インドの哲学諸体系は、この交差する一点を説明しようとします。インド人の精神は知的で言葉数が多く、この絶対現在に生起する般若の直観を説明するだけでも大変な数の言葉を使います。仏教が中国へ伝わったとき、中国の人々はこのインド的な精神構造に満足できず、もっと実用的な、概念に走らない思惟方法を求めました。人々は、この真実、この実在となることをきわめて実用的な仕方で求め、しかもそれを日常生活の中に求めたのです。

これが「禅問答」や「公案」の生まれた理由です。雨がひどく降っていれば、師は弟子に、あの雨を止めてみよ、と言うかもしれない。もちろん、今日のような化学的な手段がなければ、これはナンセンスです。これは師がふっかけた無理難題で、ただのいじめと言われそうです。しかし、アイディアは決して子供じみたものであるはずもなく、大いなる「般若」の直観が裏に秘められています。中国の人々は、究極の真実をこのように表現することを本当に好むのです。さらに別の公案では、一人の男が絶壁の上で、まるでサーカスの曲芸みたいに、一本の木から伸びた枝を歯でくわえて、ぶら下がっている。両手は何もつかめず、足も地面から離れた状態のこの男に、通りかかった人が問います、「禅の教えとはどんなものですか」と。もしその男が何か言おうとすれば、口は開いてしまう――これは犬が橋の上で骨をくわえている姿にどこか似ています。ただしこの場合は、地面に落っこちるのはその男自身です。だから口を開くわけにはゆかないが、親切な心の持ち主だから、何とかして答えようと思います。彼には何ができるのか。(二)

これが、決して子供じみた話ではないことを強調せねばなりませんが、きわめて中国的です。たとえばインドやギリシャだったら、おそらくこんな話はありえなかったでしょう。お分かりのように、問答にみられる二、三の問いと答えは議論になっていないし、考えの交換にもなっていません。もし何かの考えが展開しそうになると、すぐさまそれは中断されます。杖を含めて様々なものが、具体的なものを示して相手を体験へと導くために、一種のきっかけとして使われることは、すでに見てきた通りです。

概念としては、「すでに来た」とか、「来るだろう」と言えますが、それは決して「いま、ここ」ではない。「それはいまここに」と口にするその瞬間、それはもはやここにはない。それでも私たちはいつも「いま」と言う。何かを始めるには、まだ何もないときでさえ、何かから始めざるを得ません。ある意味で、まだないものから始めるのは始めではない。私たちは、いつも動きつつあるか、すでに立ち去ったかのどちらかです。何の手がかりもない——ここがきわめて大事です。私たちが話し始めるとき、思考は時間の中で行われます。それが時間の中で行われる限り、言葉は、ものごとの現実の状態をありのままに伝えてはいません。それを意識し始めると、意識もまた時間の中にあります。生命について論じ始めようとすると、生命はもはやそこにはない。たとえそれを把握したとしても、それは概念化されたものです。時間自体は生成中には把握できません。しかし、生命は不思議なもので、私たちは人間として生きる限り、生命について考え、話さざるを得ません。ある意味で、人間が生きることは人間が考えること。なぜならそれは必然的に、また何ともしがたいほど人間の生活に入り込んでいるからです。いやしくも生きている以上、私たちには考えることは必要です。

こうした時間と空間の関係は、人間の生活をも含めて、この世界を構成する要素です。しかし、空間はまさに時間であり、時間はまさに空間であって、これらは不二なのです。私たちの目は感知し、この感知は一つのものから他へと移動します。これは空間を意味します。しかしこれは、移動空間が想像されたことを意味し、移動とはここからあちら、過去から未来へという意味ですから、空間は時間です。

空間は横軸、

―

に拡大し、他方、時間は縦軸、

｜

に移動するものと考えれば、その交差点がまさに私たちの位置なのです。

いつ、どこでという区別はここでは不可能で、時間と空間が交差する一点、それが「いま、ここ」なのです。しかし、「いま、ここ」と口にすると、それはもうここにはありません。時間も空間も、何か動き続けるものを想定せずには考えられません。この交差点は、決して意識に上ることはありません。私たちの意識は常に時間の中を動き続けているからです。問いと問う人、客観と主観とが一体だと言っても、この状態は時間、空間の中では決して自覚できません。この現実の世界では、主観と客観、過去と未来、時間と空間などが常にあります。

中にはこう考える人がいます。交差点の絶対現在は、体験は不可能で、ただ論理の中で、思考の継続を可能にするために仮定されたものに過ぎない、と。また、主観と客観がもはや消え失せた状態など体験できるわけがない、と。しかし、この「いま、ここ」が論理的説明の過程に放置されたら、この「いま、ここ」は決して理解されず、ずっと問い続けざるを得ないことになるでしょう。もちろん、思考には必然的に主観と客観が伴い、それゆえこの二元性は、思考と日常生活には必然なものです。とはいえ、私たちは、二元的理解が不可能なところから始める必要があります。私たちは、時間や空間が、この世界に展開する物事を説明する二つの概念であるかのように言います。しかし、これは哲学上、また宗教上の大いなる問題です。

私たちが思考や二元的推論を超えられないうちは、悟りの体験はできません。ふつう、私たちは「我は考える、ゆえに我あり」などと言います。それはそれでよいとしても、ただし何かがそこにないと思考は起こりません。「我々あり、ゆえに我々は考える」、「我々は考える、ゆえに我々あり」――このどちらでもよいでしょう。実際、まず考えることで、すべてが始まります。私たちがものを意識するまでは、ものは何も存在しません。いくら懸命に自分を離れる努力をしても、結局は主観的であり、もし意識しなければ、この私たちにとって存在するものは何もないでしょう。ただ存在するだけでは何の意味もありません。意識する何か対象がなければ、意識もまったく存在しません。主観なるものがまさにすべての出発点です。人が存在するには思考していなければなりません。私が思考するとき、存在の事実が知らされてくるのです。存在することは認識することです。全世界が存在するのは、神がそれを認識するときであり、神が「それはよし」と言うときです。神が理解し認識しなければ、世界は非存在です。

このことは、次のように言うのと同じです。もし1が自信をもつことになれば、この1は2にならねばならない。1は自己を二分してAと非Aになって、自己否定、つまり自己喪失をせねばならないのです。しかし、この喪失もこの否定も、ただの否定的な意味ではない。人生は二元論的思考で満ちています。そこで私たちが試みるのは、喪失を相対性の次元におき、いかにして否定と同時に肯定、肯定と同時に否定、喪失と非喪失が可能か、について問うことです。しかし、1が2に分けられるとき、1は喪失しません。1は2の中にあります。1であるためには、その1は自らを意識し、同時に主体と客体となり、そして2となる必要があります。しかもなお、この二元性にかかわらず、1は1であり続けるのです。

こうして、自己は「本来の自己」[1]に目覚めます。本来の自己が二分されないとき、そこには自己意識は一切ありません。なぜなら、自己意識は分離、分裂を意味するからです。

哲学では、たぶん、自己意識は体験であって論理的な仮説ではないと主張するでしょう。体験は、それがここにあることが主要です。矛盾の有無には拘わりません。「いま、ここ」で、自己の主体性を喪失せずに絶対世界を意識することは、通常の視点からはきわめて奇妙な体験です。私たちがそれを体験しようとすると、もっぱら相対的思考に慣れた人は、体験には自己意識が必要で、さもなければ体験ではない、と言います。動物や植物などには、体験に意味はありません。彼らは始終体験し続けているのですから。

哲学者や論理学者は、悟りそのものを体験していなくても、心の奥底で何かが彼らにその体験を受け入れさせるので、彼らは、体験をもつかのように話さねばなりません。しかし、実際に体験せずに、こうした体験が実際にあることを認識するのはきわめて困難です。哲学者は、神秘体験の客観的な証明を求めます。しかしながら、この体験は、客体と主体、問いと問う人とが分離する前に起こります。禅が関わるのは、客体と主体とがまだ自己分裂する以前、まだ思考が存在していないときの事柄です。それゆえ、どのような客体も客観的証明も不可能なのです。客体がないのに、客観的な証明など誰にできましょうか。客観的な証拠を求める人々は、その体験を通常の次元で扱おうとします。しかしそれは、相対的体験の世界に持ち込んではいけないのです。神秘主義者が、自らの体験に対して、いわゆる客観的な証明を拒むのはまったく正当なことです。

いま、ここ、絶対的現在が、それ自体を意識して、しかも、それ自体は喪失しない。ここではこんな論理的に不可能なことが起きるのです。思考が始まった以前には、思考のルールは適応されません。思考が始まる前は、思考のルールはまだ存在しないからです。思考のないときに適応すべき思考のルールはありません。だからそれは、この悟り体験に関する限り、何の意味もありません。主体と客体の分離なくして思考は不可能です。それゆえ、思考を必要とするものは、分離が起こる以前には適応できないのです。

仏教が、主体と客体の自己分離していない世界の扱い方を取り上げるとき、時間は関係ありません。また仏教徒の体験に関する限り、時間との関わりはありません。時間が問答に取り入れられ、時間の言葉が使われても、それが口に出された瞬間に、もはやそこにはないのです。時間は、主体と客体とに分離したときから始まるので、この分離以前の時間など考えられません。誰もがこの問いを自分なりの方法で解決を試みますが、みんな満足な解決にたどり着けないのは、適応できないルールを適応させようとするからです。自己

意識は時間の出発点です。二本の線が交わる限り、いま、ここの、この交差点、

を取り上げるのは可能です。この二本の線がなかったときは、時間も空間も存在しなかった。時間と空間は、まだ主体と客体とに未分離の、無空間の時間や無時間の空間には適応できないからです。だから、二者をいっしょに、二者を一体として扱うどんな試みも、所詮、失敗に終わるのです。私たちは、一方あるいは他方の側に立たねばならないのです。

この「いま、ここ」を、概念の領域に持ち込めないのは、仮に持ち込めば、もはやそこには存在しないからです。しかし、仮定なくしていかなる推論も不可能ですが、私たちは、理性と知性に関する限り、「いま、ここ」が実在しなくても仮定するのです。私たちが、ここどか、いまとか言うとき、この世界は、すでにこの相対性の次元に降りつつあるのです。思考を始めるときには、すでに「いま、ここ」から、相対性の次元に降り立っているのです。それゆえ「本来の自己意識」と言うとき、それは通常の意味での意識ではありま

せん。ここではそれは一種の類推として用いられており、すべてが相対的となる心理学的な意味で理解すべきではないのです。意識しながら同時に非意識であること、Aでありながら同時に非Aであること、これは普通の思考の基本的なルールに反します。しかし、心に留めておくべきは、論理自体がこの矛盾の上に成り立つことです。周囲のものを計測する器具も、それ自体を計測できないし、論理も自らの限界や誤りを計測できません。ここには何か別のものが必要で、論理はすべて放棄せざるを得ないのです。

この「本来の自己意識」、すなわち問いと問う人とのあいだのこの同一性こそは、自らの判定者であって、他の誰にも頼ることはありません。論理にとって、この「本来の自己意識」をその栄光の座から降ろすことは不可能です。思考の基盤は思考が起こらないところにあります。それゆえ、ある意味で、「本来の自己意識」は純粋意識と呼べるかも知れず、いくぶん純粋経験に似ています。もしこう言ってよいなら、その経験は、私たちが始めたときより前にすでに始まっているのです。それからそれは、私たちをこの時間のない時間へと誘導しようとします。しかしこの無時間は、時間の中で、時間によって自己表現せねばなりません。この体験は、私の言う「般若の直観」つまり、機能的であり能動的な直観を通して、私たちを導くのです。もちろんこれは心理学的体験ですが、この心理学は形而上学と共存すべきもので、さもないと心理学でない何かが結果として生じます。この点について、こうして話を進めながら、この連続講義の終わりまでに明らかにできますかどうか。

《原注》

（一）さらに、拙著『入門』七〇頁、『エッセイズ第一集』二七五頁、『禅仏教』一一八頁、『エッセイズ第二集』二一七頁を参照せよ。

2 涅槃《ニルヴァーナ》――絶対現在

悟り体験では、問いと問う人が同一となり、哲学と哲学者とが一体化します。こうしたことにおいては、すべての宗教は同じ考えだと私は思います。キリストは、密かに小部屋で祈りを捧げることを人々に求めます。いかに信仰深いかを見せるようなことをせずに

――私室で、心の中で、内に向かって祈ることを、です。こうも言えます。問うことは何かを意識することで、この何かはつかみどころがなく、しかも問いは永遠である、と。人が意識すれば、世界の中に自分を深く没入させることができる。もし世界が取り入れられれば、そこから悟りは出てくるでしょう。通常の意識は知ること、過去や現在に関わって知ることです。しかしこの知ることが、生命のすべてを究明し尽くすことはありません。私たちが未来を実感するのは、実際に未来に向かって現実を生きること――行動し、創造し、実践すること――によるからであり、それは多様性の世界を前提とします。仏教において、この多様性の世界はまさに「カルナー」、大いなる慈悲の実践の機会であり、これは悟りのもつ行動意欲的側面です。

他方の知的側面は「般若」であり、その本質は絶対現在の把握ですが、これは決して停滞せず常に動き続けています。そして動き続けることで、私たちが投げ込まれるこの事物の多様性の世界を創造するのです。この絶対現在はきわめて重要で、この悟り体験は、時間の消滅する絶対現在を意識することです。意識は時間であり、絶対現在は意識されることで、自らを時間へ転換します。悟り体験の意味するものは矛盾の体験であり、時間における無時間性、無時間性における時間を把握することです。

皆さんは絶対現在を、何か静止した、そこに滞留するものと理解するかもしれません。しかし絶対現在は、決して絶対現在にとどまりません。それは動き続けます。なぜなら、それは一だからです。つまり、その否定も肯定も双方がそこにあって、是も非も一体化されています。この分岐点が、私たちの実践や行動や創造であり、これは時間の中においてのみ可能です。生きることは、現在において未来が自己実現することです。しかし、現在が可能なのは、私たちが現に生きているとき、実際に行動しているときだけなのです。次の偈は、私がしばしば引用するインドのある祖師の作です。

心は万境に随って転ず、
転処実に能く幽なり。
流れに随って性を認得すれば
喜もなく復た憂いも無し。(二)(2)

それが動くとき、それは生きています。それがつかまるなら、それは死んでいて動きません。科学がとらえるのは死んだものであって、動くもの、生きているものではありません。この動きは水の流れにたとえられます。この流れが続くところには、動きがあります。心が生成するとき、あなたは存在を把握し、存在は生成だという事実を理解するかもしれません。このことが理解できれば、恐れもなく、心配もなく、不安もなく、喜びもなく、悲しみもなくなります。しかしこれは、実際に喜びや幸せ、苦しみがないというのではなく、虚無を意味するのでもありません。人生は、喜びや悲しみなど様々な万《よろず》の環境の中で展開してゆきます。その流れの中で、人は喜びや悲しみなどを感じ、それらとの一体感が生まれるのです。科学的に見れば、喜びや悲しみはあります。しかしそれが展開してゆくときには、喜びも悲しみもありません。ここが体験できれば、あなた自身が「幽」そのものです。喜びの体験は取り出せないし、体系的に描写できません。それは曖昧で、とらえどころがなく、手でつかむのも、目で見るのも無理です。そこに実在があると言っても、もはやそこにはありません。その過程は、過程を踏んでゆくことで進んでゆきます。それを感受するのが「幽」です。ここに禅哲学の精髄がきわめて歴然と表現されています。ただし、しっかりと理解すべきことは、喜びも悲しみもないということが、虚無的な考え方と何ら関係ないことです。一本の木切れに成るのではありません。そうではなくて、それは喜びと悲しみの一体化で、両方を、しかも共に超えたものです。これを、言葉で理解し表現するのは無理なことです。

永遠の今と絶対現在とは同一と言ってよいでしょう。私が絶対現在という表現の方がずっといいと考えるのは、その方が静的な考え方を含まないからです。未来はまだ来たらず、過去も失われず――絶対現在が進んでゆきます。過去は私たちがすでに生活した世界に変わります。しかし、この世界は、私たちが未来に向かって生活を続けるあいだ、いまだにそこにあります。歴史は決して終わらず、常に未来へと前進します。しかし、過去は未来を牛耳らないということを肝に銘じなければ、この人生はただの機械に堕します。機械的に見れば、過去は未来を決定するかもしれませんが、現に生きている人生を左右することはありません。人生は、未来に向かって生きるにつれて過去へと変わってゆきます。しかし、創造主体である私たちの仕事の展開にともなって、過去は書き換えが可能となります。精神分析学者は、過去が未来を決定すると解釈しますが、しかし、それでは私たちが生きたことにはまったくなりません。過去に対する態度を変え、それを現在とすることで、私たちは過去を再編成できます。直観は、何らかの意味で常に創造的です。幽が理解されると、絶対的自由が生まれ、次いで絶対的歓喜が生まれます。こうしたことを私が話し続けると、話は概念化しますが、それもやむを得ず、ともかくもこの相対的次元を進んでゆかざるを得ません。

このようなことを意識し始めると、私たちは自分の人生行路をいかに方向づけ、いかに自分の潜在能力に基づいて生きるかを知ります。これはたいていの人々や動物たちには不可能なことですが、私たちは、常に創造を続けながら自らの未来を築いてゆきます。この創造は、生きる瞬間ごとの独創的、創造的なものであって、決して繰り返すことはありません。この「意識」(3)は、ふつうの意識とは大きな違いがあります。それは大いなる行動的、精力的な主体としての「絶対意識」なのです。悟った人も悟らぬ人も、人間としては変わりませんが、自覚の有無が違いを生みます。ある意味で、ふつうの人は創造的な人生から程遠い。本当は常に創造しているというのに、その評価の方法をたいていの人々は知らないのです。動物や植物なども同じく、当たり前のように創造しています。

人間の尊厳は知識と共に訪れ、悟った人には世界全体が変貌して、彼はさらに力を発揮します。人が悟りを得ると、全世界から一人突出するのではなく、全世界を包容するのです。もはやこの人はそこにはいません。彼以外の一切がまたそこにあるからです。まさにこの悟りの瞬間に、全世界は取り込まれて全体となるのです。神が意識をもつには自己否定が必要ですが、神が自己否定しても、私たちには、神はもはやそこにいないとは言えないのです。この点を明快にしたいのですが、それを試みると、明快さも消え去る。表現不能なことを表現するのは無理です。

私たちが死や誕生について語ると、自分たちを包む全体を分割することになります。死は存在しないとも、また死があるからこそ生きるとも言えます。また、生きることもなく、ただ過去が未来を通して継続するだけ、とも言えます。個人も、たまたま個人となったのであって、ちょうど泡が絶え間なく浮き上がり、一つが消えれば次が現れるようなものです。それは実際に抽出されることなく、変化もなく、しかし万象が関連する全体性の中で、どこにおいても、何かがいつまでも進行するだけです。死は、一つの概念にすぎず、ここ、この相対界で実際に続いているものです。言葉で表現するのは本当に不可能ですが、このあと、もう少しはっきりできるかもしれません。

小乗仏教、大乗仏教ともに、いわゆる存在、つまり法《ダルマ》——ここでは実在の意味——には三種類の特徴（三法印）があると考えられ、これにより仏教がインドの他宗教と異なるのが分かります。

一、物理的に言えば、常なる変化ですが、仏教で言う「諸行無常」、すなわち絶え間ない生成のことです。

二、我のないこと、「諸法無我」、これは仏教を他の宗教と区別する特徴の一つです。

三、涅槃《ニルヴァーナ》、「涅槃寂静」、無時間とも言えましょう。

『法句経』や他のほとんどの経典によれば、これら三つは「般若」によって把握されます。合理的に考えて理解できるのは、現実の事態が無常であること、このことが人間の心に不安をもたらすこと、内にも外にも変化を超えるものはないことです。しかし、単なる知的理解や推論では、これがその通りだと私たちを心から納得させることはできません。こうした理解は概念的であり、概念的なものは、私たちの存在の核心までは届きません。明らかに、私たちがこうした概念を真に理解し、それに従って生きているとは言えません。

私たちがこのレベルにあっても、知性は、直ちに存在の三つの特徴「三法印」を十分明瞭に理解できましょう。しかし生活体験は、そのようにはなってはいません。心と生活は、知覚が「般若」によるものでなければ、別々の道をたどります。そうなると、「般若」の生活ではなく、「業《カルマ》」(4)の生活にすぎません。

第一の特徴、「諸行無常」はまた第二の「諸法無我」をも意味します。ふつう自我《エゴ》は、永遠に不変な何か実在するものと理解されています。もし「自我」と呼ばれる何かがあって、それが一切変化せず、時間が経過してもその実在が存続するならば、変化ということはありません。しかし肯定が、肯定を永遠に維持することはありません。それが自己肯定を試みると、それは否定します。否定とは、あるものから別のものへ変化することを意味します。もしこうした恒常的変化があれば、自分の内に、自我という生死を超えて存続する個人的な霊魂をもつことなどできません。自我は、また外界にも存在すると考えられ、この意味での自我は、一般に理解される神に相当すると言ってもよいでしょう。このことを客観的世界に当てはめると、外界のさらに外側に存在する神はありません。外界は常に変化しているので、そこに不変の神が存在するのは不可能です。仏教では、不変のものは

「無我」です。「非我」という言葉は、外界の変化に関わらずに存在するものはないことを意味します。個人に当てはめれば、生死に従属しない個人的な霊魂などないという意味です。万物は変化する。それゆえ、自ら存在を保つ神はいないし、生死の変化の影響を受けない霊魂などないのです。このように「非我」は二つの意味に使われます。

ふだん私たちが神という言葉で理解している神がなく、また霊魂もないとき――まあ、自分個人は生きていたいわけですが――こうして両方ともないとき、仏教徒は問われるかもしれません。いかに恒常的変化がそれ自体で可能なのか、と。変化が可能なのは、変化に従属しない何かがあるときだけであり、この変化は、変化に従属しない何かの上に起きる必要があります。

変化に従属しないものとは何か。もし神と霊魂が否定されれば、仏教は抜け出しがたい自己矛盾に陥る、と。しかし、この涅槃は、変化しながら変化しないもの、涅槃は変化なき変化です。涅槃は変化しながら、しかもその変化に従属しないのです。それでもなお、涅槃はこの変化の外側の何かではありません。涅槃は変化するが、その変化の中にあって変化しない――この矛盾を知性は把握できません。変化しつつも変化に従属しない何かというこの考えは、すべての物事に関わるものです。[5] 私たちが限定的な見方をもつあいだは、変化に従属せず変化自体から離れない何かを想定せねばなりません。

しかし、物事は変化しながら、誕生なき誕生から時の終末まで続きます。この場合には、何事も変化しないわけにはゆきません。限定的な世界にいる私たちは、変化と変化の外の無変化とを論ずるわけです。しかし変化が絶えず変わらず起こるものなら、変化しない何かについて語ることはできません。もし物事が、始めも終わりもなく無限に続くものなら、変化しない何かについては語れません。私たちはあまりにも限定されていて、知性に関する限り、無限なるものを感得できないのです。知性は限定されたものと共に活動します。もし私たちが知性の働く分野を超えるならば、永遠を語ることさえナンセンスです。永遠も非永遠も時間に関わるのです。

しかし、無時間が主体であれば、永遠とか非永遠の概念を認める余地はありません。永遠は限定や有限性を想定しています。この有限性の概念を超えたところでは、永遠とか非永遠といった概念は何も役には立たず、このような概念をもつことはまずできません。このどちらも入ってこない領域に涅槃はあるのです。無常、無我、そして涅槃、これら三つの概念は互いに条件づけあい、関連しあっています。無常だから自我がなく、主観的には心理学的な霊魂がなく、客観的には、創造された世界に対立する神がいない。このようなもののないところ、そのとき、まさに涅槃があります。

それゆえ、この涅槃は、無時間と言ったらいいでしょうか、恒常も無常も、どちらの概念も、それに帰属させられない何かです。これが絶対現在、絶対の今です。知的議論のテーマとなり得ないこれを体験することが必要とされるのです。知性が働くのは、物事に限定のある場所、空間における時間について話のできる場所です。もしこの時間上の限定が取り払われたら、知性は働きをやめ、涅槃が得られます――この涅槃こそ絶対現在なのです。私たちが、ここが悟り体験を得られる場所だなどと話すとき、私たちはすでにこの体験から自らを引き離しています。しかしこれは、私たちの限定された体験の中では避けられないことです。

さらに問いと問う人との一体化については、いくつかの問いが、常に問う人の外側にあります。ある種の形而上学的、科学上の問いは、常に、問う人を超え、その人の外に残ります。しかし、いくつかの宗教的、精神的な問いは、まさに存在に関わるので、問う人自身の内から出てきます。たいていは、哲学者、そして宗教家でさえ、これらを、その人自身の外にあって自分に無関係であるかのように扱います。それらの問いがそのように扱われる限り、決して答えは得られません。生死からの解放が実現し、存在に関わる最重要な問いへの答えを得るためには、問いがやってきた源へ戻らねばなりません。これは、人には無関係なものとして扱われるような、無用な問いではありません。それは、最も真実な意味で、その人に実際に関わります。多くの場合に人は、無の中に自分自身を投げ入れます。まるで無が自分を解放してくれると思うかのように。これは知的理解の方法であって、人は、最も普通のやり方で自分自身から抜け出します。しかし、本当に孤独になるには、自分自身がその問いと一体にならねばなりません。そうすれば、人とその思索とは一体になります。思索が本人から分離していたら、それは決して本人のものとは言えず、何か共同所有物のようなものです。それは最も本質的な意味で、本人自身のものとなる必要があり、本、家、などといった相対的な意味であってはなりません。絶対的な意味での所有、一体化の所有でなくてはなりません。思想がその人、その人が思想でなければなりません。

こうしたことが起こるとき、それは意識が働きを止める時——ただし、この表現は、あまり正確ではありません。意識は働きを止めるわけではなくて、これは、意識がそれ自体になろうとするその時——ここでは時間表現が必要なのでやむを得ません——なのです。意識がそれ自体であるとき、意識は自己を限定します。意識が動く——動くという言い方はよくありませんが、意識が自己形成し自らを意識し始めるとき、そして、意識がそれ自体ではないがそれ自体になろうとするこの瞬間、これが絶対現在——つまり意識がまだ意識ではなく、つまり主体・客体がまだ主体と客体とに分離していないときです。

こう言って適切か否か分かりませんが、今言っておきたいのは、この意識は時間であり、時間は意識だということです。私たちが意識をもつとき、そこで時間が始まります。無意識のときには二元論はありません。これは、忘我の状態や一時的な意識の喪失という意味での無意識ではなく、それとは別の無意識です。無意識の代わりに、一般的意識、純粋意識、あるいはゼロ意識とも言えるでしょう。意識は、始まると、1、2、3、4……とすでに進んでいて、これがずっと連続してゆくので、時間の要素が入り込みます。私が言うゼロ意識とは、この意識がまだ動き出す前の場所であり瞬間のことです。つまり意識が、至ろうとして、事実上はまだ至っていない状態です。「無差別の意識」という言葉を使ったら理解しやすいと思いますが、意識はそこにありながら、しかもまだ意識へと差別化していない状態です。無差別の意識には、こうした意味がすべて含まれています。私たちは、相対的次元から抜け出す必要がありますが、しかし同時に、それはできないことです。さらに同時に、これが体験できる瞬間があり、それが意識のゼロになるときです。

《原注》

（二）　第二十二祖、マヌラ尊者、『エッセイズ第一集』一七〇頁、『エッセイズ第二集』七〇頁参照。拙注に従って翻訳する。

「心は万の条件状況に従って転変する、その転変する様は、実に幽かであり、知覚を超え、不明瞭（幽）である。その転変の流れに随って、「幽」が本性、存在即生成を認得すれば、そこには喜も無く亦憂も無い」。この「幽」の本当の意味は何だろうか。

3—1　絶対現在——ゼロ意識

ゼロ意識、つまり絶対現在は、まだ二元性の生ずる前であり、人とその思想とが分離していないとき——ここに悟り体験があります。最初にこの分離があってキリスト教徒は、世界は知識から始まったと言い、仏教徒は、無明からと言います。これら二つの見方は正反対のように見えても、事実上は同じことです。無明は無知のことで、ゼロ意識の何たるかを理解しないことです。そして知識とは、すでに無明が二元的活動を始め、意識が活動し始めていることを意味します。このように無明と知識とは、言葉は矛盾するようですが、同じことを意味しているのです。

意識がまだ働き始めていないとき、それを私はゼロ意識と呼ぶのですが、このゼロ意識が純粋体験です。これが仏教徒の理解であり、いわゆる「無心」で、ここに仏教徒の考える「無念」、ゼロ意識があります。(6) さて、意識を線で表してみましょう。

二つの方向へ無限に伸びてゆきます。時間によって小さい単位に切り刻み、1、2、3……。

ここが始まりで、最小の時間の単位は仏教語では「念」です。この無念の意味は、まだ

何も念が生じていないこと、まだ念が起こっていないことです。

さて、このゼロ意識は、数字と共にずっと続いてゆきます。この1、2、3……は、実際には、0＋1、0＋2、0＋3といった具合です。これについて話しておきましょう。このゼロ意識は、一つひとつの単位と共に進みますが、それぞれの「念」にはゼロが伴います。それゆえ、0＋1＝1は、相対的な関係は変わりませんが、この関係はゼロと共に進みます。ここは、ぜひ皆さんに分かっていただきたいところです。この意識はどこかで始まるわけですが、実際には始まりがありません。なぜならそれが生物学の領域ではなく、別の領域だからです。「念」と言えば、ふつう何か無限に小さなものを考えますが、私の「無念」の考えはこうです。意識の各瞬間にはゼロが関わり、このゼロ意識は、これらの意識の各瞬間に並行して意識的に取り入れられる。これが「無念」であると。それゆえ、「無念」は、意識の各瞬間から分離されずに、それぞれ並行する。しかも、進みながらも進まないのです。

悟り体験の話となると、それは意識の流れの外にある何かと考えがちですが、そうではありません。悟り体験は、この意識のすべての個別的瞬間に沿っており、すべてにゼロ意識が完全に充満しているのです。この「無念」は、同時に「念」でもあります。ここが理解されれば、禅の哲学を完璧にものにしたことになります。

意識に何か出発点があるように説明せざるを得なかったのは、言葉の制約のためであり、完全な空白から始めるわけにはゆかないからです。しかし事実として、存在は非存在であり、非存在は存在です。ゼロ意識はゼロ意識です。しかしゼロ意識はまた、意識の各瞬間すべてにあり、個々に並行するもので――だからそれを取り出して、「ほら、これがゼロ意識だ」と言うわけにはゆきません。繰り返しますが、無限が、有限な個々の「断片」の中に分離不能な形で存在することについては、ペンドゥル・ヒルでの私の講演の通りです[7]。

さて、話を戻して数字の1、2、3……――このような数字が物体から独立してあるわけではありません。数字は椅子やテーブルなど、いつも物体につきものです。数字が物体につきものなのは事実ですが、それはたぶん象徴としてです。同様に、意識のそれぞれの瞬間も数えられますが、この数字自体は存在しません。ある程度まで数字的なものは、私たちがその話をするとき、単純に存在します。もちろん、今お話ししているゼロは数学的用法と何の関連もありません。

数列の……−3、−2、−1、0、+1、+2、+3……は、次のようにも表せるでしょう。

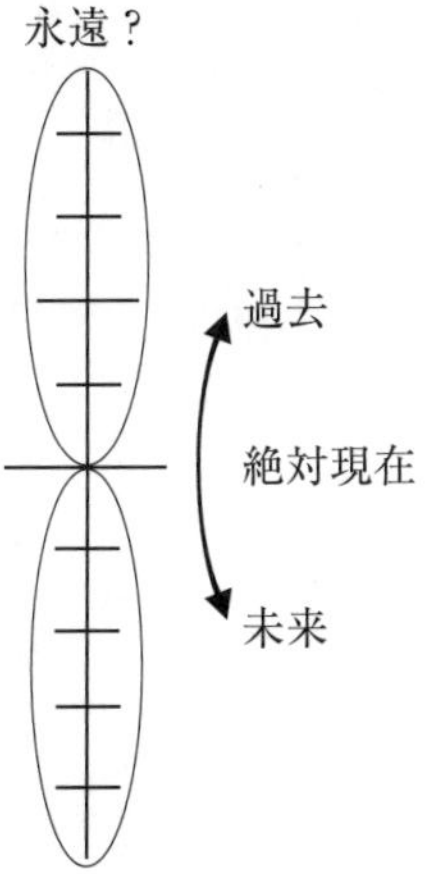

数学ではゼロは明快な一点であり、概念的に確立されています。ここで私は、1は単なる1ではないと仮定してみます。これらは普通の数字ですが、しかし同時にゼロ——ただし、こんな私のゼロの使い方が、数学的に正当か否か知りません。この「念」の意識が続きながら、しかも「念」が起こらない——これがゼロ意識であり、絶対現在です。私たちが時間について話すとき、一般的に、それを垂直の線で表します。困ったことは、私たちが何か言わざるを得なくても、時間の線はどこかで切断されねばならないことです。永遠には終わりがありません。

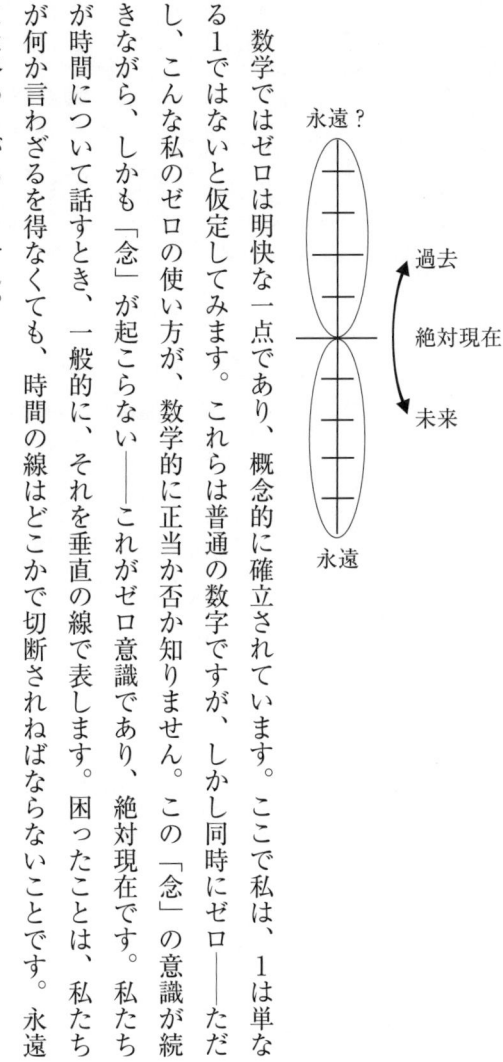

3―2　エックハルトの「ナウ・モメント」

絶対現在は二つの形で働いています。絶対瞬間において、過去と未来のすべてがあります。この絶対現在は、過去からずっと続いてきたものです。それぞれの瞬間が絶対現在で、過去と未来を内包しています。それぞれの瞬間は、無限の可能性を無限に与えられており、それ自体は枯渇していません。意識も同様に働きます。この点は、エックハルトからの引用で多少は明確にできるかもしれません。エックハルトは、この「ナウ」の思想について多くを語っています。たとえば、

……神は存在を超えているに違いない何かである。存在や日時や場所をもつすべてのものは、神に属さない。何故なら、神はそれらすべてを超えたものであり、すべての被造物の内にあるが、それらすべて以上のものだからである。

権威者たちの中には、魂は胸の内のみと主張する者もいるが、それはそうではない。

多くの偉大な学者たちがその過ちを犯している。魂は完全であり分割できず、足にも目にも他のどの部分の内にも同時に宿る。あるいは、時間の一片を取り出してみれば、それは今日かもしれないし、昨日かもしれない。現在の「ナウ・モメント」は、一切の時間の片々を自らの内に凝縮している。神が世界を創造したもうたこの「ナウ」は、すべての瞬間と同様にこの現在の一瞬に近く、最後の審判の日も、昨日のようにこの一瞬に近い(三)。

これは、仏教徒が用いる「即今」、絶対的今という言葉の意味を表現しています。私がエックハルトの言葉を皆さんに紹介するのは、ブッダの体験をいくぶんでもより身近に感じていただくためです。

神はそれらすべてを超えたもので、すべての被造物の内にありながら、それらすべて以上のもの――ここに汎神論的思想があるとすれば、それは、世界の外なる唯一神が世界に関わる点ですが、しかし神はすべての被造物の内に自らを置きながら、一切を超越し、一切の内にあって一切ではなく、超えていながら内にあって貫いています、といった具合ですが、一神教的な神とは異なるあり方です。

神は存在でも善でもない。善は存在に依存する［この場合は限定的存在］。その訳は、存在がなければ善もないからである。そしてそれゆえ、存在は善よりも純粋なものである。しかし神は、善きものでも、より善きものでも、最も善きものでもない。神を善きものと言うなら、それは、太陽を黒いと言うのと同じで、神を偽ることである。

神は善きものと言うのは、神は明るいと言うのと同じです。太陽は明るくもなく暗くもない。また神は善くも悪くもない。道徳性が入り込むと、最終結論を出すのがきわめて難しくなります。善だけということはなく、いつも悪が伴います。神は両方におり、しかもどちらにもいない。ゼロ意識は1意識でも、2意識でもない。しかもゼロ意識は、意識1であり意識2である。このところは、私が強調したい点です。

エックハルトの意志や思考の扱いはいささか難しく、さらに説明が必要です。ここに実例があります。

意志することで人は、善という衣装をまとった神を思い描き、思考することで人は、善や存在という衣装を脱ぎすてた赤裸々の神を思い描くのである。善は、神の身を隠す衣装であり、意志は、その衣装をまとう神に満足する。もし神が善でなければ、私の意志は神を求めないだろう。もし国王戴冠式の日に、王に灰色の衣装を着せたとしたら、その仕事はとんでもない失敗だろう。それゆえ、神の善という事実によって、私が幸福になることはない。神の善によって私が幸福になることを、決して私は神に願わないだろう。なぜなら、神にはそんなことはできないだろうからである。私が幸福になるのは、もっぱら、神は知られ得ること、また私が神を知り得ることによる。かくして、ある権威者は言う、神の心こそ、天使の存在がすべて依存するものである、と。

ここにある思想は「般若《プラジュニャー》」です。意志は「誓願」の出発点です。般若の視点では、神は善も存在も共に奪われています。もし神が善でなければ、私の意志である「誓願」は、神を必要としないでしょう。私が唯一有難く思うことは、神が般若を通して知られ得るという事実です。

魂の日と神の日には区別がある。魂が本来の居場所にある日には、魂は時間空間を超えた所から事物を認識し、それらが魂に近くも遠くもないと知る。それゆえに、この日には一切の事物は平等の位置にあると言ったのである。神は世界を昨日創造した、明日創造するだろうなどと言うなら、それは愚かというものだろう。神は、世界とその内なる事物一切をまさにこの一瞬の「ナウ」において創造したもうたからである。実際、過ぎ去った千年の時も、神にとっては、今という時と同様に現前する近さにある。現在のこの「ナウ・モメント」に生きる魂の内に、父は独り子を生みたもうたのであり、魂はこの誕生の中に再び生まれる。神の内で魂が何度誕生したとしても、この誕生は、父が独り子を生みたもうたように、やはり一度きりのものである。(四)

ご覧のように、エックハルトが事実をきわめて明快に説明しているのは、皆さんにもお分かりと思います。

このようにエックハルトは、時間を超えた神について語ります。昨日とは、何千年も前かもしれないし、今日かもしれませんが、それは問題ではなく、これだけ多くの年月の中に始めとか終わりとか言うのは愚かです。万物は「ナウ」という現在の一瞬に創られたのです。創造は今起こっていることであり、過去は現在のように近いのです。独り子は、「永遠の今《ナウ》」が実現するときに誕生するのです。これが実現するたびに、独り子は誕生します。キリストという観念は、ただ一つの歴史的出来事ではなく、どこでも、日々、この「ナウ」を私たちが認識するあらゆる瞬間に存在するのです。

さらに別の一節で、エックハルトは、私の言葉を使えば、思想と人間とが一体化された魂について語っています。

……魂のもつあの高貴な力のことで、それはきわめて高い位置にあって、直面して神のありのままの姿と交わる。この力は、他の何ものとも共通性をもたない。昨日、一昨日についても、明日、明後日についても何も意識しない。なぜなら、永遠の内には昨日も明日もなく、「ナウ」という一瞬あるのみだからで、このことは千年前にも千年後にも同様であり、そして今この瞬間のことであり、死後にもまた同じことであろう。この力は、神にその衣装部屋で接する。聖書には、「彼の内に、彼の上に、そして彼を通じて」とあるが、「彼の内に」とは父の内にということ、「彼の上に」とは子の上にということ、「彼を通じて」とは聖霊を通してということである。

この場合、魂は、神と直面して親しく交わります。悟りを体験した人が、昨日や明日といった意識をもたないのは、永遠において昨日も明日もないからです。三位一体説がここにどう表れているのか、私はキリスト教神学の知識を十分にもちませんが、それは本論から外れるので無視してよいと考えます。

エックハルトが「絶対的瞬時の今《ナウ・モメント》」に言及する別の箇所があって、そこでは二種類の日について語ります。旧約聖書の伝道の書（四四：一七）から一節を引き、きわめて自由に解釈しています。仏教徒は二種類の読み方をします。表の意味と裏の意味を取る二つの読み方です。裏読みは、私的な礼儀に適った読み方からくるもので、ここでのエックハルトの読み方に似ています。

……「彼は、過ごした日々において、神の意にかなった」

さて注意すべきことがある。「過ごした日々において」と言えば、一日より多い日々ということになる。つまり、魂の日と神の日とがある。一日は、六、七日前でも、六千年以上前でも、昨日と同じくらい現在に近い。なぜか。時間はすべて、現在の「ナウ・モメント」に含まれるからである。時間は天体の運行から生じ、昼は、その最初の運行から始まった。魂の日は、この時間の中に属し、事物が見えるように照らす自然な光から成り立っている。しかしながら、神の日は完全な一日で、昼と夜とから成る。これは真の「ナウ・モメント」であり、魂にとっては永遠の日であって、父が独り子を生み、魂が神の内に再び生まれる日である。この誕生が起こるたびに、魂は神の独り子を誕生させることになる。それゆえ、処女の生む子の方が、普通の女の生む子よりもずっと数が多いが、それは処女が時間を超え永遠の内で生むからである

（イザヤ書五四・一）。それでも、たとえ魂が永遠の内で生む子の数がどんなに多くても、彼らはすべて結局のところ独り子であり、そうしたことが起こるのは、すべて時間を超えた永遠の日においてだからである。

エックハルトは、この日々をとりわけ重要視しようとしています。彼の日は私の日であり、魂の日、神の日です。六日前も六千年前も、昨日のようなものです。なぜなら、時間がすべてこの「ナウ・モメント」に含まれるからです。これが絶対現在です。一週間が六千年と同じ長さなのは、時間はすべて現在の「ナウ・モメント」に含まれるからです。日々は、天体の最初の運行とともに始まり、私たちの日は、惑星的時間の中にあって、太陽や他の天体の運行からきています。神の日は、この運行とは無関係で、昼と夜を包含します。このときは、昼は夜であり、夜は昼で――普通の人間の時間とはまったく違います。神の日、すなわち神の「ナウ・モメント」は過去も未来もなく――それは絶対現在です。神の日、すなわち神の「ナウ・モメント」は、魂の視点からは永遠に対応します。しかし、この「ナウ・モメント」はこの瞬間を意味しません。それは時間の最小単位ですが、魂にとっては、可能な最長時間である永遠なのです。

エックハルトによれば、「ナウ・モメント」、つまりこの絶対現在は永遠そのものなのです。彼が考える魂におけるキリスト誕生の概念は、一般的な考え方とはまったく異なります。彼が魂の内に誕生するとき、それは神が私たちの内に誕生するときです。キリストの誕生を記念するその日は、絶対現在が永遠と解される日です。つまり、このとき、時間はすなわち永遠であり、時間は無時間と同じ、「無念」、「無心」のときです。仏教は、この点でもまたキリスト教とは異なります。仏教が取り上げるのは、心の本性であり、キリスト教は神やキリストなどです。私たちは、すべての思想から自由になるときに、「ナウ・モメント」、絶対現在を体験するのです。エックハルトは、いろんな意味できわめて興味深い人物です。彼は聖書から気の向くままに引用し、それを自分自身の実体験に沿って説明しています。彼は、「ナウ」だけを取り上げるのです。

意識は時間であり、時間は多様性を意味します。万事がまさに一様だったら、時間は存在しません。時間は1が非1、つまり「無念」になるために必要です。仏教徒が無時間とか無心とか無思惟とか言うから、皆さんは、仏教は消滅の宗教だと思われるかもしれません。しかし、私たちは言葉をまったく不注意に使っています。何ものも無のままでは存在できません。絶対無は絶対の今であって、何かに対立することなく、自立しています。「絶対の今《ナウ》」は、この相対的次元にはまったく属しません。無・意識、すなわち意識の消滅は、「ナウ・モメント」、絶対現在に対応しています。この絶対現在が把握できると、私たちは、絶対現在が永遠であり、無時間であることを知るのです。永遠はまさに無時間であり、この無時間という言葉の方がより理解しやすいでしょう。この「ナウ・モメント」が永遠であり、永遠は「ナウ・モメント」、すなわち無時間であると理解するときこそ、まさに独り子が魂の内に生まれるときなのです。エックハルトによれば、キリストは「ナウ・モメント」ごとに、絶対現在ごとに誕生し、この「ナウ」と「永遠」との一体化の体験が、一個人の魂の内だけではなく、個々の魂それぞれの内で起こるとき、どの魂の中にも誕生するのです。

エックハルトから最後に引用した一節の末尾にある二つの文章を、もし論理的に分析すれば、様々な混乱が生じて、皆さんの頭の中がめちゃめちゃになるでしょう。子供たちが生まれるのは、「ナウ」と「永遠」が一体となるときです。どれほど子供の数が多くても、やはり独り子です。時間においては、1は1、2は2、3は3です。同時に時間は無時間です。「時間などないと言いながら、どうしてこんなことが起こるのか」と、問われるかもしれない。すべての事物は時間の中に流れ込み、生まれたり、死んだりなど――私たち次第です。しかし、エックハルトや他の思想家たちにとっては、時間の存在が始まる時に、誕生や死などあらゆる種類のことが起こります。そして、この起こることが時間なのです。

《原注》

(三) レイモンド・バーナード・ブレイクニー『マイスター・エックハルト』(ニューヨーク、ハーパー・アンド・ブラザーズ、一九四三年)、二一八―一九頁。この連続講義中のエックハルトへの言及については、この英訳参照。また、これら数行については『神秘主義』の中でも論じた。

(四) ブレイクニー英訳書、二一四頁、三二七頁注(「詩編」九〇・四、オーガスティン『告白』XI、一二―一四、プラトン『ティマイオス』三七を参考文献として挙げる)を参照。

4─1　エックハルト（続き）

絶対現在は、同時に時間・無時間だから、時間は入ってきません。すべては時間を超えて永遠の日に起こるのです。正しく理解すれば、エックハルト、馬鳴《めみょう》[8]の二人と他の仏教徒たちとのあいだに何の違いもありません。エックハルトは、神と魂の日々について語っています。神の日は昼ではありません。それは、昼も夜も含むからです。エックハルトは同じ眼でもって、内と外とを見ます。眼が外に転ずるときは、そこに被造物と魂があり、内に転ずると、そこに神、無時間、無限がある。しかし、これら異なるもの、これら差別化された対象、仏教語で言う「ダルマ」ですが、それはまさに唯一のものなのです。エックハルトはこう説明します。

私はかつて修道院で次のように話したことがある。「魂の真の像は、神のほかには描写し想像するものが何一つないときに現れる」と。魂には二つの眼がある。内を見つめる眼と外を見る眼とである。魂の内なる眼とは、存在の本質に観入し、その存在を神より直接受け取る眼であって、それがその真の働きである。魂の外なる眼は、被造物に向けられ、それらの外形を認識する。しかし、人が自身の内側へ向き、自己を認識する形で、自己存在の根底において神を知るとき、人は一切の創造から自由となり、真理の城の中に安全が確保されるのである。

私たちは、内とか外とか、まるで区別があるかのように話します。しかし、どこに分離する線がありますか。この身体は境界線ではなく、外の世界に属します。身体が分析されるとき、あるいは、身体が無用として見捨てられるとき、また私たちが意識を見極めたと考えるとき、意識は、さらに奥深く意識の中核まで後退しようとするかもしれない。しかし内と言う以上は、私たちは意識を意識しています。絶対的な内はありません。なぜなら、いつもその内の線の奥にさらに内があるからです。こうした具合に、内へと「自己」究明を進めてゆくと、意識の深奥に、外に関わらない「私」が坐っています。しかし、やっと「私」に手が届いたと思うときには、いつももう一人の「私」が残っている。それを捕まえたと思うと、さらにもう一人の「私」が、と無限に続くのです。それゆえ、本当の内というものはないのです。同じことは外にも言えます。空間は無限であり、私たちは物質存在の果てに決してたどり着けません。もしこのように外界を追求すると、身体自体も私には外界となり、そしてこの私もまた、私には外界となります。それゆえ、外も内もなく、あるのは心理的なイメージだけです。

さて別の箇所から、二つの眼について語るエックハルトの言葉を引用します。

私が神を見る眼は、神が私を見る眼と同じ眼である。私の眼と神の眼は同一の眼であり、同一の視覚、視野、また同一の認識、そして同一の愛である。

とどのつまりは、二つの眼は同一であって、それは、外であれ内であれ、どこにも固定できません。なぜなら、外なるものは内なるものだからです。この同一の眼は絶対同一の眼であって、数字の一ではないのです。この同一の眼は、内も外もなく、絶対現在に似た何かで、過去も未来もすべて分離します。しかし、絶対現在には始まりや終わりの一点がなく、いかなる一点も差し示さないのです。とはいえ、何か言わねばならないとすれば、ゼロ眼、ゼロ意識——これがすべての出発点です。

エックハルトはまた、城についてしばしば語ります。城は魂における代弁者、魂の代弁者です。魂の代弁者は、単数で用いられるときは、「般若」における本来の悟りを示唆すると言えましょう。複数の場合は、多くが魂に内蔵されているかのようで、被造物を指しますが、これは、「慈悲」の側面で、そこに万物があります。エックハルトの語る城は、万物を内包しており、しかもそれらは城中では完全な同一体なのです。城は一切の差別を溶解し、すべては一体となります。「我らの主イエス・キリストがある小さな城に入ると、妻である一人の処女に迎え入れられた」(五)。処女は神の昼です。エックハルトは、矛盾する言葉を活用しますが、それは仏教にもよくあることです。処女は妻であり、また妻は処女です。一は多であり、多は一です。これは彼の入る小さな城では真実であり、核心、代弁者、覗き込む眼、絶対瞬間——これらはすべて同一のものを示しています。

まだエックハルトから引用すべき文章がたくさんありますが、このくらいで止めておきます。しかしながら、注意に値するかもしれないことは、エックハルトは「何千年」という以上のことを言いませんが、仏教の多くの経典には「無数」という数が出てくることです。

《原注》

（五）　ブレイクニー英訳書、二〇七頁。一〇七、一〇九、二一〇—一一、三〇〇—〇一頁参照。

4—2　絶対現在の実現

さて、意識は時間で、時間は意識ですが、もし私が数学者であって、数字を用いた彼らのきわめて回りくどい方法によるならば、同じ程度の定義は、たぶん私にもできそうです。意識は識別し、記憶し、さらにほかの働きもします。心理学的には、意識は進行中の出来事を意識するだけです。唯物論者の多くは、ものごとは意識のないところでも起こり、意識は単なる出来事にすぎず、なくてもすむものだと考えます。私の感じ方は違います。意識はきわめて活気ある、動的なものです。とかく静的なものと考えがちですが、違います。意識ゼロ意識は、円周のない円の中心点にたとえられるかもしれません。このような円の中心はあらゆる所にあるので、ゼロ意識はあらゆる所にあって、ここととか、あそことか限定されません。どこでも、いつでも、私たちがある方向に向かうとき、それがゼロ意識、絶対現在のある場所です。これはやや抽象的な言い方ですが、人は、自分自身の心理的体験の中に、このゼロ意識をもっているのかもしれません。

悟り体験が起こるときの心理的反応は、何かこのようなものです。この悟り体験にはよく知られたエピソードがありますが、その中である禅の修行者が言っています。「私が頭に乗せて運んでいる桶の底が抜けた」と。それで桶の中には水はもう残っていないので、「明月も影を落とさない」。これはある女性の言葉です。この話を知っていたか否かは不明なある人物もまた、自らの体験のあと桶に言及しています。「古桶の底が抜けた」。しかも底だけではなく、「金輪《たが》も木っ端みじんに。それに桶板も[9]」。この絶対空を彼は体験したのですが、それはただ単なる空《くう》ではありません。

ある経典によれば、悟りを得ると空間全体そのものが粉々に砕ける、ということです[10]。これはきわめて示唆に富んでいて――単に空に変わるのではなく、空間自体が粉々に砕けるという、そこにはある動的な感受性があります。日本の偉大な禅匠の一人は、死に臨んで悟り体験を「虚空が自らの歯を噛む」と表現しています。[六][11] 虚空が歯をもち、その歯が噛みあい、きしませる――きわめて表現力にも富んだ言葉です。

禅者たちは、哲学的な説明の代わりに、このような生々しい表現を用いますが、どれもこれも誤解されがちなものです。たとえば、ある僧が、「菩提達磨が中国へ来た意図は何か」、その動機、いわば「彼の」意識の中にあるもの、を問うとき、しばしば禅匠はこう答えます。「お前さんに関わりないことを尋ねるより、お前さんの、いまの仕事は何か。いま、何を考えているのか」と。これはつまり、なぜ「いま」、あなたは自分の悟りに目覚めないのか、ということです。これを日常の経験に当てはめると、対応するある日本語があります。いろいろな形で書かれますが、「あるがまま（如是）」「このように私は聞いている（如是我聞）」の意味です。

しばしば修行僧が師に問います。「生と死が間近に迫ったら、どう振る舞えばよいでしょうか」。生と死とは、お互いにごく身近にやって来ます。誰にも避けられない。人生のこの谷間にあっていかに生きるべきか。これは宗教上の大問題です。しかし禅匠は、たいていこう答えます。「食物が供されれば食べる。茶が出されれば飲む」と。つまり、来るものはそのままに受け入れる、と言うのですが、子供が受け入れるのと違うのは、その背後にはゼロ意識があることです。また、「ここのどこに仏教の教えがありますか」と問われたら、中には、ただ手を差し出すだけの禅匠もいます。

頭をあげ、太陽が本当に円いことに初めて気がついたという体験も、また真如体験の例です。これは絶対現在の実現を意味します。また、香厳が庭を掃き、石が竹に当たって立てた音は、何度も耳にしてきた音なのに、今度は、本当の意味で聞いたのです。毎日、私たちは何かを見ていますが、時には、これらを本当に見る、その本質を見ることもあります。そして同時に、真如の体験をします。このような場合、私たちが見る物はまだ見たことのない物であり、以前に見たことのない物として私たちは見るのです。なぜなら今度は、私たちが物を見るように、物が私たちを見るのです。こうして、見る者と見られるものとのあいだに相互関係が生まれますが、この関係は、私たちを取り囲む森羅万象が光を帯びるこの時まで築けません。ここには、見るものと見られるものとのあいだに一種の共感の流れがあります。主体と客体という二者のあいだに、共通の共感の波があるのです。私たちは時折、主体と客体の一体化が起こると言いますが、このことです。

たとえば、ゼロ意識によってお茶を飲むとき、関係は、ただお茶とあなた自身だけです。誰も入り込めません。いわば、このお茶とあなたが全宇宙を包み込み、あれとこれではなく一体化するのです。こうして本物の関係、共感ができあがります。この特別な体験を通して、私たちは、すべての個別体験の根底に確実に到達するのです。禅と他の神秘的教義との違いは、禅では、あらゆる個別の具体的客体が、精神的な話題のテーマとして取り上げられる点にあります。キリスト教神秘主義者は常にキリストや神に言及するし、インド人はきわめて抽象的です。しかしこうした禅問答では、お茶や食べ物がテーマとなっているのです。

中国南部は、竹がふんだんに生える所ですが、禅の師である多福は、山中の、こんな竹林のわきの寺に住んでいました。修行者が問う。「あなたの竹林について何と言われますか」と。多福は答えた。「一、二本は傾いている」、つまり竹が斜めに生えている。修行者は重ねて問いました。「それはどういう意味ですか」。これに答えて「三、四本は曲がっている」（『エッセイズ第二集』一八七頁）[12]。これは、まったくありのままの情景だと思います。ここでは二人は竹を話題にしていますが、しかしその裏には、いや本当は裏ではないのですが、この竹には、哲学者には理解できない、哲学の概念では適切に説明できない何かがあります。この点で禅はユニークです。

主体と客体とが一体化して悟りが生まれるとか、主体が客体となり客体が主体となり、区別すべき両者にその区別がなくなる、という言い方には、悟りの構成要素を説明する点で認識論的傾向が見られます。心理学的に言えば、悟りの道筋は、ときに「アポリア」（論理的難問）と呼ばれる、いわゆる「インパス」（行き詰まり）から始まります。アポリアもインパスも、共に、これ以上先に進めず、また戻れず、さらにそこに留まれない状態です。それは、心理学的に、人が前進したくてもそれができず、また後戻りもできない窮地です。

禅の学徒は、この心理状態を表現する多くの手段をもっています。最もよく使われる方法は次の通りです。断崖絶壁の急勾配の壁面から、あなたが両手で吊り下がっているとします。何しろ吊り下がっているので、手を放すわけにはゆきません。もし手を放せばあなたは落っこちます。しかし、最終的に無意識に到達せざるを得なくなるとき、あなたは手を放し、その瞬間に復活する。放免と復活が同じ時に、同時に起こるのです（『エッセイズ第二集』九八、一〇〇頁）[13]。もう一度、あなたの直前の意識の状態に戻るのです。

主体の前に客体があれば、主体は客体を把握しようと試みます。しかし客体は決して把握できません。客体は誘惑し、そそのかしますが、主体は把握したくても把握できません。主体自身が消耗し、自らを放棄すると、この消耗から復活の力が湧き、そしてあなたは自分の居場所が分かるのです。この消耗状態は少なくとも一度は体験せねばなりません。さもなければ、悟り体験は決して得られないでしょう。

しかしながら、悟り体験は決して複雑ではありません。きわめて単純で、きわめて基本的です。とはいえ、それは私たちが毎日営む個別な体験の一つでもありません。それは、これらの個別な体験を貫いており――私たちの個別体験の営みは続いていて、終わることはありません。実際、もし基本的体験が複雑で、いささか分析を要する何かだったら、それは基本的な悟り体験ではない。私は今、両手を放すこの体験が記憶に記録されることをお話ししましたが、心理学的な何かの出来事を、私たちは、いつか後に思い起こすべき事件と呼ぶかもしれません。しかし、悟り体験は、エックハルトも言うように、存在の赤裸々な状態にあり、それが続く時間は一瞬か、一分か、瞬時か分かりません。これは実に興味深いことです。

始まりについても、こう言えば理解できるかもしれません。もし私が何かを叩けば、火花が稲妻の速さで飛び出します。禅文学には、火打石の火花や稲妻にたとえられる悟り体験の話が出てきます（『エッセイズ第二集』二四〇頁）。「光ったと言う前に通り過ぎる」稲妻は、悟りの時間体験である瞬間性を活写する好例として解してもよいが、ここで言う時間の問題は、時間の長さの問題ではありません。私たちが何かを叩く、まさにその瞬間、まさにこの一瞬のことです。私たちがその時間を口にすると、もはやそれはそこにはない。なぜならそれは、絶対現在であり、過去はもちろん、未来にも属しません。問題は、時間の速さではなく、悟り体験が実際に起こるその起こり方です。私は『ウパニシャッド』の一節を思い出します。そこでもまた稲妻の光がたとえられています。

ブラーフマ神についてこんな教えがある。──
稲妻の光が飛び出すとき、人は瞬きし、
そして言う──「ああ！」──この「ああ！」は

神性を意味する。(七)

人が「ああ！」と言うときには、光はすでに過ぎ去っています。火打石から出る閃光ですが、この閃光はエックハルトが用いる興味深い用語で（二一〇、二二〇頁）、それは魂、「小さな閃光[14]」に関連してしばしば使われています。これは、魂から出てくる何か、また魂が神の啓示を受ける瞬間をこう表現するのです。これよりもっといい表現は、私には思いつきません。

《原注》

（六）　大燈国師。偈頌全体については、『マニュアル』一四八頁を見よ。

（七）　『ケーナ』四・二九（四）。ロバート・アーネスト・ヒューム『十三の主要ウパニシャッド』（オックスフォード大学出版、一九三四年）、三三九頁。『エッセイズ第一集』二四三頁。

5―1　悟り体験の究明

先の、手だけでぶら下がっている男の話に中国の禅者が込めた意味は、人が無意識に沈潜した後で、それから再生するということです。しかし、この「後で」は正確ではない。私が叩くと、火花が散り、消える――これは同じ瞬間、同時であって、その後ではありません。それゆえ、悟り体験は非常に現実的な事柄なのです。こんな単純な体験が、いかにして人の生涯に重大な結果をもたらすのか。悟り体験は、絶対瞬間、絶対の今に起こりますす。ただし、この体験に到達するには、通過すべき前段階、正確には前段階ではないが、それに近いものがあります、そこを通過中には、待っているものは前段階どころか、きわめて厳しい体験です。これは、到達できるか否か保証のない、この目標達成の準備段階であり、あとからそうと分かる段階を通過するわけですが、実際、これは最も過酷な体験です。

しかし、こうした体験、こうした困難があればこそ、これらすべての体験の結果は最終的に実を結びますが、努力の積み重ねに応じて悟りはなおさらに意義深くなります。それゆえ、しばしば禅の指導者たちが弟子に試みることは、決して悪意や利己的な動機からではなく、弟子に真剣に努力させ目標を達成させるためなのです。中国宋代の、修行の厳格さで有名なある禅匠は、故意にとか、杓了定規にむごい、というのではなく、ずいぶん気難しい性格の人物と思われていました。諸国行脚の修行僧たちも、しばらくその指導を受けると、どこか他の所へと行ってしまいましたが、その中の一人は、深く師を信じて離れずにいました。この僧が、寒さの最も厳しい時期に自分の部屋で坐禅をしていると、師が入ってきて、冷たい水を床に投げ捨てたものです。そのために水が凍ってさらに冷気が加わりました[15]。しかし、たとえどれほど厳しく弟子を扱っても、この師は完璧な最高の真理洞察力と、そしてまた、弟子本人が体験するはずの同じ体験とをもっていました。もし弟子が、何か強く確かな方法で師からその体験を奪い取るならば、最終的な達成の喜びを、師弟のあいだでさらに深く共有できることでしょう。

問題点はこうです。一方で、師は自分の体験を大いに自負している。それがすべての問題を解決し、心配事などに煩わされず、幸福な人生を送れるようになるからです。エックハルトも言うように、あなたに与えられたものは、どこかで引き裂かれてきたものや、神から盗んできたものに比べれば劣る。努めたり、盗んだり、奪ったりというのは、たぶん言葉上の遊びで、「神の国を強奪する」[16]も、たぶん間違いなく類似の表現ですが、ただこれはキリスト教徒にとって異常なことです。しかしそれが神の望みなら、人はそれを当然のこととしてそれ以上は深く考えません。巧妙さと努力で手に入れるなら、さらに評価は増します。これに似たことは禅にもあります。世間的な言い方をすれば、師は弟子に教えるのを避けたいが、あえてそうするのは、弟子の内面に配慮すればこそです。多くの努力を積み重ねれば、得るものもそれだけ価値がある。師は、可能な限りの高みにあって、弟子にここまで来いと誘います。しばしばそれは、師弟のあいだの一種の綱引きになります。ただしすべての師が、どの弟子に対してもこれと同じ手段をとるわけではありません。[17]これは心理学的にきわめて興味深いことです。

羅漢和尚は、悟りを体験したとき、太陽を見て、初めて太陽が本当に円いと気づきましたが、そのとき和尚は、自らの意識の中核においてこの事実に目覚めたのです。[18]悟り体験は、いつも同様に起こるのではなく、それぞれの心理学的構造によって異なります。この中国僧は、自ら多くの疑問や試行を通り抜け、最終的に悟りを成就しました。朝早く山の上で、僧は太陽の昇るのを見て、こう考えました。自分の目から出た光が太陽まで上がってゆき、何千マイルもの旅をする。他方、太陽から出た光は、何千マイルもの旅をして自分の目に届いたのだ、と。両者が出会い、自分は、太陽がそこにあることに気づく。太陽と自分との出会い、この両者の出会いから、悟り体験の特徴となるある種の意識が生じたわけです。

しかし、真宗の信者の中には、こう言う人がいるでしょう。「阿弥陀さまがずっと昔に私を救ってくださった、私に代わって。どこかに阿弥陀仏の浄土があるはずだ」と。これは「救うことは神の仕事だ。放っておけば自らの仕事をするだろう[19]」というヴォルテールの言葉に似ています。キリスト教徒はこれを冒瀆と受け取りますが、ヴォルテールはまったく正しいと私は思います。私たちには何もできません。神が手を差し伸べてくれなければ、私たちには間隙を飛び越えるのは無理です。じっとして、ひたすら待たねばなりません。と同時に、助けを求めて祈らなければ神は来ないのです。悟りを得るために何かの努力が必要ですが、しかし、もし何かをしようと努力すると、悟りは得られません。これは矛盾です。一心に悟りを求める努力は必要ですが、しかし、懸命に努力すればするほど、それはさらに遠くへ離れてゆく――まさにその努力が邪魔をするのです。一心に努力するから、悟りは遠く離れゆくのが分かります。しかし、もし努力しなければ、悟りが遠くへ離れゆくのか否かさえも分からなくなるのです。

事実が分かるのは、真宗信者が自ら悟りを得るときでしょう。埋められない時間の間隙は、信者の悟りの中で完全に消滅し、阿弥陀が現れて、じかに信者の人格の中に入り込みます。信者の考えること、感じることはすべて阿弥陀の考え、感じとなり、こうして、ブッダの悟りと共に、有情、無情のすべてが救われるのです。さて、私たちの中で誰かが関門を通り抜けると、世界のすべてが悟りを達成します。何も特別のことをする必要はないし、何かしようと努めると、そこへは到達できない。こうして、かつてブッダが体験したことを、みんながブッダのように体験するのです。

ブッダは明けの明星を見た、羅漢和尚は昇る太陽を見た、香厳和尚は小石が竹にぶつかる音を聞いた――このように、悟りの瞬間の前にはたいてい一つの感覚接触があります。しかし感覚は、五感がなくても実際には十分です。悟りは実質的に心理的展開にかかっているからです。しかし、形而上学的に見れば、心理的展開さえもまた実際には不必要です。悟り体験が可能になるには、私・意識、自我・意識が十分に成熟する必要があり、通常、十分に成熟しきった感覚基盤が求められます。経典の中に、悟りを得た七歳の龍女の話が出てきます[20]。玄沙師備の有名な説法にこうあります。もし仏教が、目や耳や口が不自由な人たちのために何もできないなら、仏教など何の意味もないし、奇跡など何も起こるまい[21]。これについて、一人の僧が雲門（?—九四九）に説明を求めました。雲門は、まずその僧の名を呼びました。僧が「はい」と答えると、雲門は「耳はちゃんと聞こえているではないか」と答えました。次に、雲門が打ちかかってくるのを見て、僧が後ずさりすると、雲門が言った。「何だ、目も見えるではないか」。そして雲門が「どうだ、分かったか」と言うと、僧は「分かりません」と答えた。最後に雲門が言った。「口もきけるではないか[22]」。感覚能力がある限り、耳や目や口が不自由な人でも悟ることができるのです。

禅問答で師が個人名を呼び、その人が返事をすると、しばしば師は続けて、「これは何か」と問います。この問いを、私たちは人格の視点から解釈するでしょうし、それはそれでいいのです。なぜなら、人ということも非常に強調されているからです。臨済の例もあります。[23] しかし、何か個人的な事柄に思える人格について話す代わりに、師は主として絶対現在を指し示します。これは、そうした複雑なことには無縁です。そして、私がしばしば引用する問答、「達磨がインドから中国へ来た意図は何か。中国人を改宗させようとするどんな動機があったのか」――この問いに対して、禅匠は「お前さんは、いま、この瞬間、何を考えているのか」と答えてもいいわけです。何か他の出来事の話ではなく、まさにこの瞬間に何を体験しているのか、です。この瞬間、絶対現在には、過去がすべて含まれ、未来はそこにある。時間が動き出そうとしている、まさにこの瞬間をとらえるべきなのです。もしそれができたら、神がこの世界を創造する前でさえ、そこに何かあるかが私たちにも分かる、そう言えるかもしれません。

5―2 「即今《ジャスト・ナウ》」

この悟り体験が起こるのは、絶対現在の中であり、事実それこそは悟り体験なのですが、これは禅の用語、「即今《そっこん》」[24]、「まさにこの瞬間」のことで、時間と空間との交差点です。さらにこの絶対現在は時間と無時間との交差点でもあります。

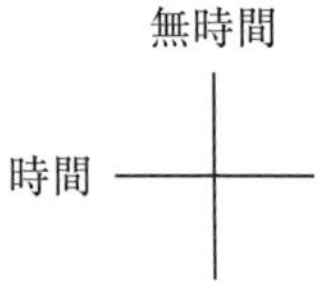

そして、この一点が理解されれば、歴史も理解され、時間の中に描かれる私たちの人生もまた理解されるでしょう。

「即今」は、時間の「まさに今」を表し、空間を表す別の仏教語として「這箇《しゃこ》」[25]、「まさにそう」もあります。「這箇」は、とくにあれこれ対象を限定せず、ただ「これ」の意味です。言葉に関する限り、禅はほとんどこの言葉ですむほどの、特別な禅表現です。これはまた時間表現にも使えますが、ふつうは空間に関連し、「即今」は時間だから、これら二つの用語に時間と空間が一体化されています。私たちは、時間と空間の視点で考えますが、いまお話しした通り、実際はどちらがどちらでもよく、ここでは習慣通り区別しておきます。

というわけで、この絶対瞬間、絶対現在は、「這箇」であると同時に「即今」です。これに関連して、『金剛経』に非常に有名な話があるので、その要旨のみ紹介しておきます。(八)徳山《とくさん》(七八〇―八六五)に茶店の老女が問います。「過去の一瞬はつかむことはできず、現在の一瞬も、未来も同じことですが、一体どの一瞬の心に食事を施したいのですか」――「点心」は、文字通りには「心を句読点で区切ること」(26)ですが、この表現の由来を私は知りません。さらに付け加えれば、サンスクリット語ではこの箇所を過去、未来、現在と表現します――これは注目に値すると思います――が、ふつう私たちは、過去、現在、未来と言います。インド人の心が把握したのは、過去と未来なのです。過去と未来がそこにあれば、現在もそこにあるはずです――しかし現在は決してそこにはない。「現在」と口にするときには、現在はすでに飛び去っている。それゆえ、あるのは無時間である絶対現在だけであって、相対的な現在はない。この無時間から、いかに時間は現れるのか。時間が現れると、もはや絶対現在はここにはない。こうして、問いを発する老女は、その僧がいかに禅を理解するかを試すのです。

時間の中にいないとき、私たちは絶対現在を把握します。それゆえ、絶対現在をつかむには時間の外へ出る必要があります。しかし、時間の外へ出ると、過去、現在、未来について何も話すことはできません。肝心なのは、時間の外に出て、しかも時間の内にいることです。その内にいながら、しかもその外に出ていること、意識しながら、しかも意識しないことです。意識的な無意識か、無意識の意識か、どちらでもよいでしょう。私たちの論理の使い方では、自分で自分を留め金に吊るさざるを得ません。そしてこの留め金が致命的なのです。聖オーガスティンは言います。「あなたが問わなければ私は分かっています。あなたが問うと、私は何と答えるか途方に暮れます[27]」と。人がそのことを思考しなければ、それはすでに明らかです。思考が活動を終えれば、永遠はそこにあります。ただし、何も考えずただぼんやりしているようなときは、心はそこにあり、永遠は入り込めません。思考を始めると、過去と未来が分裂を始めます。過去と未来に生成が関わるときは、絶対現在は決してありえません。絶対現在を言語で表現するのは、非常に難しいことです。私たちは、絶対現在は時間の流れの外にあるので、つかまえられないと言います。しかし、時間の流れが絶対現在です。それをつかむときは、これほど容易なことはなく、つかめないときは、こんなに不可能なことはありません。

徳山が何と答えるべきか分からなかったのは、きわめて当然です。老女とのやりとりに負けて空腹を満たすこともできないまま、彼は立ち去りました。絶対現在は「即今」であり、同時に「這箇」です。この絶対現在の中には、過去の歴史がすべて納まり、また今後に展開する未来も納まっています。それゆえ絶対現在は、空やゼロに対応し、このゼロの中に無限があります。

過去と現在はこの絶対現在の中に見出すべきで、きたるべき未来も、過去もそこにあります。仏教の経典や論書によれば、空、また「心」や「本覚」は功徳を含み、または暗示します。その功徳は、恒河《ごうが》（ガンジス）の沙のように多い――この無数の砂という表現は仏教経典や論書のあちらこちらに出てきます。多くの無数の属性[28]、「グナ」――これは物理学で言う質量やエネルギーのことですが――無数の「グナ」が空、また本覚に含まれている。現在が進行し、その進行の中に絶対現在があって、無限の「グナ」が生じ、発散します。この発散自体が実在であり、生成は存在、存在は生成なのです。過去と未来の歴史が始まるこの現在の瞬間に――上に、下に、どの向きにも――無限の可能性が自己実現するのです。

私が「実現する」という言葉を使うのは、私たちがそれを、実現されるべき何かがあるかのように考えるからですが、それはまったく無目的で、何ら跡形も範囲もありません。これが禅の肝心な点です。無目的な「誓願」[29]は、持続し、まったく中断することなく、限界もなく、停止もなく、痕跡もありません。それがまったく無目的だというのは、目的が時間に属するからです。時間が取り去られると、目的は何もなくなる。この目的は時間だからです。

このことがひどく紛らわしく感じられるのを私は恐れます。なぜなら、これは多くの人たちのふつうの考え方からかけ離れており、一種の革命思想です。しかしながら、このような真実の理解の仕方は、世界中の紛争を減らすことに深く関係し得るでしょう。人間は紛争を止められないとしても、私は、お互いの殺し合いに使うエネルギーのことをしばしば思います。もしそれが、科学の研究や、こうした形而上学研究に携わる研究施設など、文化の発展に価値あるものに使えたなら――と思いますが、こうした問題が真剣に検討されそうにないのは、精神的に生きる人々には、いささか憂鬱なことです。

無空間と無時間の例は、維摩居士《ゆいまこじ》の話にあります。(九)[30] 維摩居士の部屋は狭く、たぶん皆さんのいるこの教室の広さもないでしょうが、ヴァイシャーリーの全住人どころか、この宇宙全体の有情、無情すべてを収容できるのです。この教室は、みんなにとって狭すぎることはなく、大混雑や押し合いへし合いもせず、ゆったりできたのです。この空間の尺度は明らかに象徴化されたものですが、維摩は、ただ空間のことだけ語っているのではありません。「這箇」は、空間や時間に左右されません。この話もまた、無時間と「即今」と「如是《によぜ》」とを象徴したものです。

もう一つ、この『維摩経』には興味深い出来事があります。シャーリプトラの悟りは、その部屋にいる他の人たちほど深くなかったので、天界の神々が花を撒くと、花は舞い落ちながら、彼の身体に張りつきました。彼が振り払おうとすればするほど、張りつき、ぴったり付着しました。彼がその理由を尋ねると、答えが返ってきました。「それは、お前さんの心がまだ執着でいっぱいだから、花がお前さんにくっつくのだよ。お前さんのほかの誰にも花はくっつかない。お前さんの執着が花を招き寄せているのだよ[31]」

執着の特性が花を招き寄せるのです。相互誘因力についてもまた、「廻向[32]」と「誓願」とでは、執着とは反対の形で説明されるでしょう。この相互誘因は常に起きています。反発や憎悪は、相互誘因とは反対の側面であって、さもなければ、このように共に生きることは私たちにはできないでしょう。

無妨害や反妨害は、森羅万象の実相をそのまま描写する言葉です。一方の事物は、妨害されずに他方の事物に届きます。事物は溶解し、他の事物を通過し、一から他へと完璧に流通します。「そう」、「そう」[33]は、相互誘因力ゆえに起こり得るもの。「そう」は「想」、「想念」、「思想」であり、観念的に理解してはいけない、もう一つのすばらしい言葉です。

《原注》

（八）拙訳については、『マニュアル』三八―五〇頁参照。『エッセイズ第二集』四四頁、『神秘主義』六二、九七頁、『生活』七八―八〇頁参照。

（九）『文化』一八一頁。『エッセイズ第一集』九八頁（『禅』四一頁）。

《講義Ⅳ　編者注》

（1）文脈に従えば、著者が英語の綴りを大文字で始める「セルフ（自己）」は、小文字の、各個人を表す「セルフ」の究極の、賓主未分の自己、各人の真の自己を意味する。

（2）漢字五文字で一句の、四句からなる偈。『景徳伝灯録』巻二。漢字「幽」の字義は、深い、落ち着いた、奥まった、で、ここでは心が究極的には心でもない、その本性であること。著者の自注（二）を見よ。

（3）英語の綴りの大文字で始まる「コンシャスネス（意識）」は、著者のいわゆる「絶対現在」の意識を意味する。

（4）「法《ダルマ》の生活」を「業《カルマ》の生活」に訂正する。

（5）「This notion ... is in all things.」を「This notion ... concerns all things.」とする。

（6）この後に続く一文、「In Sanskrit consciousness is citta; - - - means "no beginning," "no end."」の空白部分を埋めて文を復元構成することができないので、本文のこの箇所を削除する。

（7）著者の日記によると、著者は一九五二年四月二十一日（月）、ニューヨークのキリスト友の会の本部、ペンドゥル・ヒルにハワード・ブリントン博士を訪ねている。著者は、この年の春学期にコロンビア大学で開講し、「華厳」について二月から五月までの間、火曜日と木曜日の午後、一時間ずつ二十八回教えた。本セミナー講義でなされたこのペンドゥル・ヒル講義への言及は、同じ年の秋冬学期、十二月十九日（金）夕方と思われる。

（8）アシュヴァゴーシャ（馬鳴）は、「ブッダチャリタ」、「サウンダラナンダ」などの作品で有名な、紀元二世紀のインドの仏教詩人である。インドの仏教者、パラマールタ（真諦、四九九—五六九）は、自分が作成した漢訳作品『大乗起信論』（五五四年）の原著者として、アシュヴァゴーシャの名を借りたことが、今日知られている。

揚州の僧、智愷《ちがい》の作として伝えられている「まえがき」によると、真諦は、中国・梁の武帝

「偶成」と題された八首のうちの一首である。幸い、我々の著者によるこの歌の英語訳が、著者の論攷で一九六二年九月十九日の日付けのある工藤澄子氏の英文タイプ原稿（唐・宋時代の禅）に含まれており、『松ヶ岡文庫研究年報』第二五号（二〇一一年発行）で公表されている（末木文美士氏監督編集。一三三頁。英文校訂者はステファン・グレイス氏。「唐宋禅宗史」と題して日本語訳が添えられている）。

(10) 著者が言う「経」の特定はできないが、趙州が質問者に応えて次の言葉を発している。

「柏樹には、そもそも仏の本性はあるのですか」
「有る」
「何時柏樹は仏になるのですか」
「虚空が地に落ちたときだ」
「虚空は何時地に落ちますか」
「柏樹が仏になるのを待ってだ」

宋本『古尊宿語要』趙州録巻中六左（無著道忠、一六五三―一七四五、編集、京都、中文出版社、一九七三年）参照。

これは『入楞伽経』の中心テーマを思わせる表現である。

「外の世界と見られるものは自分自身の心に外ならないと悟るべきだ」

(11) 大燈国師・宗峰《しゅうほう》妙超《みょうちょう》（一二八二―一三三七）。著者大拙は、英文著書『禅仏教の手引き』（一九三五年）で大燈の遺偈全体の英語訳を挙げる。

仏と祖とを截断する　吹毛［の剣は］常に磨く

に招かれ丁寧な歓迎を受けたが、まもなく叛乱のために皇帝が退位しその翌年死去するという事態に直面し、都の優れた僧たちと、そして皇帝の親族である将軍に護られて都（今日の南京）を離れた。今日の広東省の一寺院で大乗の教えについて講義をして、その講義の内容を漢文に翻訳し、五五四年九月十日に『大乗起信論』と題する書物が完成した。この場合、正確に言えば、真諦は訳者ではなく、正しく著者であった。彼を助けた優れた翻訳者は、早くから梁の都に来ていて、たまたま同じ災難に出遭った、真諦と同郷のウッジャイニー出身のチャンドロパシュナという人物であった。

　真諦は、彼が理解する大乗仏教思想を中国の人々に紹介する際に、仏教詩人アシュヴァゴーシャの名を借りた。その主な理由として考えられることは、「ブッダチャリタ」（曇無《どんむ》讖《しん》（ダルマクシェーマ）訳『仏所行讃』）の中で、後に仏陀となるシッダールタがサーンクヤ思想を批判したことが見られ、一方、真諦が自分の大乗思想の理解の依りどころとする『ランカー・アヴァターラ・スートラ』（『入楞伽経』）がサーンクヤ思想に対する批判の展開に力を入れることにある。事実、真諦は一貫して翻訳者であることを択んだ。そのような例としては、『世親造、遺教経論』（仏陀の最後の言葉による教えについてのヴァスバンドゥの論書）、『世親造、仏性論』（衆生の本性が仏陀の本性であることについてのヴァスバンドゥの論書）がある。実際にはヴァスバンドゥはこれらの論書にはまったく関係がないのである。

　法蔵（六四三―七一二）は、『起信論』の注釈書でこの論書の成立の歴史を説明するために、智愷が用意した「まえがき」を利用している。一方、現代の多くの研究者は、この「まえがき」が時と所とについての事実を述べることに正確さを欠くとして、これを偽書として斥け、その内容は根拠を欠き考慮に値しないとする。しかしながら、関係者たちが否応なく巻き込まれた社会的な大混乱の中にも拘らず成立したこの論書の作成を、「まえがき」の執筆者が歓迎・祝福したその意図を誰が否定できようか。「まえがき」が示すこの論書の著者がアシュヴァゴーシャだとする主張は、実は翻訳者を自称する真諦自身の主張にほかならないのである。

一九〇〇年、アメリカ合衆国内の自身の住居で、大拙は、この論書の英語訳を、上記の「真諦訳」からではなく、七〇〇年頃に作成された「第二の漢訳」で訳者がシクシャーナンダだとされるテキストから作成し、これに『大乗への信に目覚めることについての、アシュヴァゴーシャによる論書』という意味の題をつけて発表した。これら二つの翻訳の違いはごくわずかで、第二訳は、新しい翻訳と呼べるほどのものではなく、さらにそこには、大乗思想とは一致しない間違った言葉遣いさえいくつか見られる。

大拙は、彼が講義でアシュヴァゴーシャの名を挙げるとき、必ず『起信論』の著者に言及している。なお、大拙は、この論書の中心思想をセミナー講義シリーズの後半、とくに講義Vで取り上げている。

(9) ここに著者が引用する二つの表現は、各々、女性と男性とのもので、もともとは和歌の言葉であったと考えられる（京都、禅文化研究所主任研究員・西口芳男氏のご教示、その他による）。

（一） 著者・大拙が本文中に紹介している歌の原形は次の通り。

千代能《ちよのう》がいただく桶の底脱けて、水たまらねば月もやどらず

鎌倉市内の臨済宗建長寺派海蔵寺の山門脇の井戸の傍に立つ石碑に刻まれている略縁起によれば、歌の主、無著禅尼は、もと、鎌倉時代の武将、金沢顕時（一二四八―一三〇一）の妻であったが、父、安達泰盛（一二三一―一二八五）と一族全員が執権・北条貞時（そのとき十五歳）を奉ずる者たちによって粛清されたあと、貞時の父、先の執権・時宗によって鎌倉、円覚寺の開山とされた中国の禅僧、仏光禅師・無学祖元（一二二六―一二八六）の指導を受けて参禅修行した。この女性が悟りの境地を歌に詠んだものがこれだ、と。

『禅學大辭典』下巻（大修館書店、一九七八年）によると、無外如大尼（一二二三―一二九八）、泰盛の娘、別号無著、初名千代野は、金沢文庫創設者、北条実時の妻で、実時の死（一二七九年）後、出家して、祖元の門に入り、その法を嗣ぎ、女人嗣法の最初となったとして、資料『延宝伝灯録』一九と『山州名跡志』二一を挙げる。『禅文化研究所紀要』第二九号論文「鎌倉期における禅宗の尼僧」の執筆者、舘隆志氏は、『延宝伝灯録』一九の原文を挙げて、年代的に如外尼の父を安達泰盛とする説が成り立たないことを指摘される。この点を除けば、『禅學大辭典』が挙げる如大尼を、この歌の作者と考えてよかろう。

（二） 本文にその後半の英語訳を挙げる歌の全体の文句は次の通り。

古桶の底ぬけはてて、三界に一円相の輪があらばこそ

これは、江戸時代初期、臨済宗妙心寺派の禅僧、盤珪永琢《ばんけいようたく》（一六二二―一六九三）のである。出典は、大拙が一九四一年に岩波文庫『盤珪禅師語録』とし書物の一八〇頁に挙げられている（西口芳男氏のご

機輪転ずる処　虚空、牙を咬む。

(12)　杭州多福和尚（年代不詳）、趙州従諗の法嗣。『景徳伝灯録』巻一一。

(13)　『景徳伝灯録』巻一一、香厳智閑（?—八九八）が提起した公案の原形として『付法蔵因縁傳』巻四（T50, No. 2058, 311bc）に、ウパグプタという名の師が僧に自身への執着を離れる仕方を教える古い話が挙げられている（『景徳伝灯録［訓注］』四、禅文化研究所、一九九七年、二一三—一四頁参照）。

香厳が提起した公案の状況では、一人の男が木の枝を自分の上下の歯の間にくわえて両手、両足の支え無しでぶら下がっているときに、祖師ボダイダルマが西国からやってこられた意図は何ですか、という問いに応えなければならないとすれば、どうするか、というものである。香厳は修行者たちに、この男はどうすべきかと尋ねた。そのとき招上座という古参の僧が言った、「樹上にいるという場合は問題外です。木に登る前は、どうなんですか」。師は、ただ笑うだけだった、と。この上座は、いわば問題を本来の状況に戻したと言ってよかろう。

(14)　我々の著者が引用するブレイクニー英訳選集『マイスター・エックハルト』は、説教第二四「神は自由な魂に入りたもう」（ルカ伝一〇・三八）の注八で「フュンケリーン」の語を出す。

(15)　禅者たちの挿話集『宗門武庫』の第一〇話で著者、大慧宗杲（一〇八九—一一六三）は、次の話を挙げる。

葉縣帰省《せっけんきせい》（年代不詳、首山省念〈九二六—九九三〉の法嗣）は、厳冷枯淡な人柄で、僧たちに畏れ敬われていた。浮山法遠（九九一—一〇六七）と天衣義懐（九九一—一〇六四）がまだ大衆の間で修行中にとくに求めて葉縣のもとに参禅に行った。雪の降る寒い時であった。葉縣は彼らを罵倒して追い出した。さらに、夜、受け入れられるのを待つ僧たちに水しずくをはねかけて、僧たちの衣服を湿らせたりした。他の僧たちはみな、怒って去った。しかし浮山と天衣だけは、敷物を畳み、衣服を整えて再び坐り通した。葉縣はやって来て言った、「立ち去らなければ汝等を打つ」と。浮山は師に近づいて言った、「私ども両人は、数千里の彼方から、わざわざ和尚に参じて禅を修行するためにやって来ました。柄杓一杯の水をぶっかけられたからといって追い出されるわけにはいきません。打ちのめされても私どもは去りません」と。葉縣は笑って言った、「君等二人はわしのもとで参禅する必要がある。行って僧堂に入りたまえ」と。そして浮山には典座を手伝って欲しいと言った（T47, No. 1998, 944a)。

(16) ブレイクニー英訳選集『マイスター・エックハルト』説教第三、一〇九頁、第二段落、二—一〇行。

それゆえ、この生誕［「時のある一点において発生しただけでなく、日々、人の魂の内奥において発生する、永遠なる生誕」（同第一段落、三—四行）］を経験するか、少なくともそれに近づく確信をもつことは、大変なエネルギーの消費なしには誰にもできないことです。物の世界から、物に囚われた感覚を完全に引き離すのでなければ、それは不可能です。魂の全機能を抑えて働きを止めさせるためには大変な力が求められます。それらをすべてしまい込むには、ずいぶんと力が要ります、そういう力を使わなくては、それは成し遂げることができません。それゆえ、クリストが言いました、「天の王国は暴行を受けます、乱暴な人々がそれを我がものとするのです」と。

ブレイクニー注2「これはマタイ伝一一・一二に見られる、［洗礼者ヨハネの活動について］イエスが用いられた皮肉を誤用するものだ」

(17)　汾陽善昭（九四七―一〇二四）は、葉県帰省とともに首山省念のもとで参禅したが、葉県と異なり、自分の指導を受ける修行者たちの健康に注意を払った。『天聖広灯録』（三〇巻、一〇三六年に編集が完成）巻一六に、汾陽について次の記録がある。

師は、北地の厳しい寒さのために僧たちが立ち続けることは難しいと考えて、夕方に行う説法、小参、を中止して春暖を待つことにした。それから十日も経たないうちに両耳に環をつけ錫の環をいくつも頭につけた杖を携える一人の僧がふいに姿を現し、方丈にやって来て師に言った、「和尚さん、どうして小参を止めてしまったのですか。ここの修行者たちの中には、暑さ寒さに拘らず仏法のために励む者たちが現にいるじゃないですか。私の見るところでは堂内に法器といえるものが六人はいますよ」と。言い終わって引き下がるや、行方知れずとなった。師は小参を中止したまま、一偈を作った。「インド僧が手にもつ杖の先の錫環を光らせて、法の光をもって汾陽の地を照らしたまえと請うた、六人が大器を顕そう、今こそわしが提綱すべきだ、と。」(T47, 944a)。

『禅林宝訓』（一一七四―八九編、四巻）巻四に挙げる水庵和尚の言葉を要約して示す。

昔、慈明楚円（九八六―一〇三九）を含む四人が仲間を組んで汾陽善昭（九四七―一〇二四）和尚のもとで参禅することになった。人々は黄河の東の地域の厳しい寒さを恐れた。独り、慈明は、悟りを得ることだけを心にかけて、暁天から夜まで怠らなかった。夜坐のときに眠気を覚えると、錐を引き寄せて身体を刺し、歎いて言った、「昔の修行者たちは生死のことを重視して食べることも寝ることもしなかった。俺は何ということだ、安逸を貪るとは。今までの生は何の役にも立たなかった、このまま死んでも何にもならぬ。おれは、今まで自分を投げやりにしてきたではないか」と。ある朝、慈明は許しを得て帰って行った。汾陽は感歎のため息を洩らして言った、「慈明が去った、わしの道は東へ向かった」と。（T48, No. 2022, 1035a）。

『禅林宝訓』の記録は続いて、汾陽と慈明との会話を挙げる。汾陽は修行者を指導することの困難さに言及して歎く。これに反対して慈明は、指導者の側に善導の力が欠けている場合以外は何の問題もないと主張する。汾陽、「以前の修行者たちは、どんなに誠実に努力しても、悟りを得るのには二十年、三十年はかかった」。慈明、「これは、聖人・哲人でなければ、という問題ではありません。悟りを得ることは長くて千日あればよいことです」。ある人が汾陽に告げた、「慈明は馬鹿げたことを言っている、耳を傾ける必要はない」と。このあとに『禅林宝訓』は、上に『天聖広灯録』から引いたのと同じ話を引用している。

(18) 講義Ⅲ、編者注（3）を参照。

(19) ヴォルテールの言葉の出典不明（松ヶ岡文庫図書、英文『ポータブル・ヴォルテール』〈ヴァイキング社、一九四九年〉を調べた）。同じ趣旨の言及が『仏教の大意』〈法藏館、一九四七年〉の第二講大悲、全集第七巻六六頁に見られ、そこにも出典の注記はない。同じ内容が著者によって外国人向けに英文で表現され法藏館から一九四八年に出版された。ここにも注記はない（「THE ESSENCE OF BUDDHISM, Revised Edition, Hôzôkan, Kyoto 1948, 1968, pp. 74-75)。

（20）大拙は『妙法蓮華経』第一一章、「宝塔出現」と「海竜王の娘」とに言及する。

（21）『碧巌録』第八八則によると、玄沙師備（八三五—九〇八）は説教でこう言った。

各地の長老方はみな「人々に接することで、いちばん大事なことにお役に立ちましょう」と言われるが、三種類の病に苦しむ人々に出会われた時は、どう接せられるのかな。盲目を煩う人は、木槌が振り上げられ払子が立てられていても、見えない。聾を煩う人は、雄弁な弁舌の聞こえる範囲内にいても、聞こえない。啞を煩う人は、いくら話すように強制されても、話すことができない。こういう人々に我々は、どう接すべきか。これが出来なければ、仏法は働きのないものになってしまう」と。

『玄沙広録』（一〇八〇年に編集、三巻）巻中によると、師は壇に登って言われた。

私が今まで言ってきたように、人は眼がありながらものの姿形を見ない、耳をもちながら声や音を聞かない、意識がありながら分別がつかない。その訳は、眼や耳や意識が何の役にもたたないからだ。さあ、皆に言ってもらおう、私が言う聾・啞・盲とはどんなことと理解しているのか、を。そもそも君たちは毎日ものの姿形を見ているのか。そもそも声や音を聞いているのか、分別をもって話しているのか。もしも君たちが青色、赤色、白色、ないしは私が払子を立てるのを見ると言うなら、君たちは眼が盲いているということだ。……もしも君たちがここでそんなような理解をしているのであれば、君たちは否定と肯定との考えを身につけるだけのことだ。……見ること、聞くこと、知覚すること、知識をえることに縛られて、何の自由も身につかないだろう。何時になったら安らぐことができようか。ここのところを何とか徹底的に見抜く必要がある。……（『玄沙広録』巻中、唐代語録研究班編集、入矢義高指導、京都、禅文化研究所、一九八八年、六七頁)。玄沙は、「祖師西来の意」を尋ねられて「庭前の柏樹だ」と言った趙州従諗と同じことを言っているようである。

(22)『碧巌録』第八八則は、続いて、雲門文偃(八六四—九四九)の言葉を挙げる。

ある僧が雲門に、この同じ問題について理解を深めたいと、教えを請うた。雲門が言った、「私に礼拝せよ」。僧は礼拝して立った。雲門は僧を杖で押した。僧は後ずさりした。雲門が言った、「君の眼は盲いてはおらぬ」。そして呼んだ、「こちらへ来たまえ」。僧は前へ進んだ。雲門は言った、「君は聾ではない」。そして言った、「分かったか」。僧は言った、「分かりません」。雲門が言った、「君は唖ではない」。僧は、ここで、はっと会得するところがあった。

(23)大拙には、『臨済の基本思想』という一冊の著書がある(著作集第三巻)。『臨済録』の「人」についての代表的な言葉を少し挙げる。

「君たちのこの身体に一切の位のない真実の人がいて、常に君たちの顔の入り口を出入りしている」(T47, No. 1985, 496c, 10–11)。

「君たちが祖師や仏陀と別ではないことを願うなら、条件はただ一つ、外に求めないということだ。君たちの一瞬の心の清浄な光こそは、君たち自身の悟りそのものとしての仏陀だ。君たちの一瞬の心の無分別の光こそは、君たち自身の悟りの姿としての仏陀だ。君たちの一瞬の心の平等な光こそは、君たち自身の悟りの働きとしての仏陀だ。これらの三種の悟りの在り方としての仏陀こそは、今現に私の説法を聞いている君たちなのだ」

（T47, 497b, 16–21）。

(24)「即今」。臨済の言葉についての上記編者注を参照されたい。

(25)「這个」（このもの、これ。そういう、こういう）。

(26)「点心」に関わる話は、『碧巌録』第四則の評唱に見られる。「点心」という語の動詞「点じる」は、句点を「打つ」の意味よりは、燃やす、点火する、を意味し、したがって「点心」は人のエネルギーを燃やす何かを意味する。

(27) アウグスティヌスの言葉として大拙が引用するものは、『告白』（第一一巻、第一四章、一七）に見られる。日本語版（山田晶訳、中央公論社、世界の名著一四、一九六八年初版、一九八一年一五版、四一四―一五頁）から、英文注に該当する箇所を引用する。

　ではいったい時間とは何でしょうか。これを容易くかんたんに説明できる者があるでしょうか。これについてことばで表現するために、思想においてでも時間をとらえることのできる者があるでしょうか。私たちが会話のさい、時間ほど親しみ深く熟知のものとして言及するものは何もありません。それについて話すとき、たしかに私たちは理解しています。他人が話すのを聞くときも、たしかに私たちは理解しています。

　ではいったい時間とは何でしょうか。だれも私にたずねないとき、私は知っています。たずねられて説明しようと思うと、知らないのです（四一四頁下段）。

(28) サンスクリット語の「グナ」を著者が「物体」と訳すのは不適当なので、訳語を「属性」に訂正する。

(29) 梵語「プラニダーナ」は「他者に究極の悟りを得てもらおうという、菩薩の誓願」を意味する。『維摩詰所説経』梵本第六章（鳩摩羅什漢訳、第七品）最後に、次の表現がある。

ヴィマラキールティはシャーリプトラに言った、「この天女は……自分の誓願の力によって、人々を悟りに導くために、自分の願うがままに姿を現します」と。

（30）『維摩詰所説経』梵本第五章、鳩摩羅什漢訳第六章、「不思議な解脱を示す」（T14, No. 475, 546a-547a）。

（31）『維摩詰所説経』梵本第六章、鳩摩羅什漢訳第七章、「天女」（T14, 547c）。

（32）「廻向」とは、「善根を究極の悟りの中で成熟させ、他者に役立つものに変えること」を意味する。『維摩詰所説経』梵本第四章、「病者を見舞う」、第一七節。鳩摩羅什漢訳第五章（T14, 545b）。

般若智に含まれない、束縛である巧みな方便とは、どんなものでしょうか。それは、悪見と起煩悩、潜在煩悩、愛情と憎悪、とに依存して、すべての善根の芽生えを究極の悟りの中で成熟させ他者に役立つものに変えることをしていない人の巧みな方便です。

般若智に含まれる、解脱である巧みな方便とは、どんなものでしょうか。それは、悪見と起煩悩、潜在煩悩、愛情と憎悪、とを離れ、すべての善根の芽生えを究極の悟りの中で成熟させ他者に役立つものに変えた人の巧みな方便です。

（33）日本語で、肯定的な反応を示す言葉、「然う然う」。同音の「想」も、そこに含まれる。

おわりに

二〇〇〇年十二月と翌年一月と、二度にわたる古田先生からのご依頼を承諾したあと、私はすぐに英文タイプ原稿のコピーを送っていただき、まずは日本語訳を始めてみた。いささか難解ではあったが、何とか進めてゆけそうに思えた。

しかし、その英文タイプ原稿は、そもそも大拙本人ではなく誰か別の人物（当時頻繁に鈴木大拙のもとに通っていたデマルチーノ氏かと思われる）がタイプしたもので、いたるところに別の選択肢として語句や文、またコメントが挿入されており、とてもすんなりと訳出作業を続けられない。まずは一通り最後までと、その場その場で何とか折り合いをつけながら進めてみたものの、やがて、行き詰まってしまった。そんなあやふやな英語の原文を日本語に訳してみたところで、それはまさに砂上の楼閣というほかはない。

ともあれ、最優先すべきは肝心の原稿の英文を確定することだ。聞けば、この仕事は私が承諾する前に、すでに何人かのしかるべき人たちが辞退なさっていたという。それはそうだろうと思いつつ、私はただ途方に暮れるばかりであった。二〇〇二年、私は松ヶ岡文庫の評議員に就任し、さらにその運営にも関わることになり現在に至っているが、こうして、本文校訂という肝心の問題を抱えたまま、不本意な時が流れ去ってしまったのである。

ところが、作業が遅れに遅れた結果、「怪我の功名」ともいうべき、思いがけない二つの幸運に恵まれることになった。

一つには、松ヶ岡文庫で大拙の英文日記が見つかり、当時の活動が明らかになったことである。この日記のおかげで、私の手元の原稿が二学期（一九五二年から五三年）にわたる連続講義の記録であることが判明し、おぼろげだった講義当時の背景が明らかになったのである。まさに願ってもないことで、英文の本文校訂はもちろん、日本語への訳出作業にとっても大いに役立った。加えて松ヶ岡文庫で、これらに先立つ客員教授としての最初の華厳経講義資料もまた見つかった。

二つ目のこの上ない幸運は、常盤義伸先生との出会いである。本文校訂には最適任の先生にお力添えをお願いし快諾が得られたのは、まさに百万の味方を得た思いであった。そして最強のパートナーを得たことで、仕事は軌道に乗るかと思われた。しかしながら、あいにく私の身辺の事情がそれを許してくれなかった。

当時、老いた両親の介護をはじめ、いくつかの難題が一身に降りかかる日々が続いていたためである。その結果、かなりの抑うつ状態に長く悩まされて、まことに不本意にも、とりわけ常盤先生と伴さんには多大なご迷惑をおかけしてしまった。ひたすらお詫び申し上げるばかりであり、同時にここに、心からの感謝を表したい。それにしても、英文テキストの本文校訂や編者注に、さらに日本語訳分担にと、快くお力添えくださった常盤先生の功績は甚大であり、私の深謝の念は、言葉での表現を超える。

古田先生とのお約束から、十五年もの年月が流れてしまったが、やっとのこと、二〇一五年三月、原稿が出来上がった。この原稿完成という節目に、私はそれを携え、伴さんとともに、鈴木大拙、古田紹欽両先生の墓前で大悲呪一巻をお唱えして、そのご報告をした。この日は、私の生涯にとっての特別な日となった。

そして、一年後の一六年三月、この原稿は松ヶ岡文庫叢書第五、『鈴木大拙　コロンビア大学セミナー講義』として出版された。（なお、この貴重な英文テキストは近い将来、アメリカでの出版が期待される。）

さらに一年半後、方丈堂出版から世に出る日本語訳上下巻によって、長年の懸案は氷解することになった。編集にお骨折りくださった同編集長の上別府茂氏にお礼申し上げたい。そして改めて私は、この上下二冊本を携え、大いなる感慨とともに、定中の両先生と、先年この仕事のあいだに遷化した師父輝宗和尚に謹んでご報告の献香諷《ふ》経《ぎん》を捧げる次第である。

なお本書の印税については、常盤先生とともに、鈴木大拙顕彰への一助となることを切に願い、全額を公益財団法人・松ヶ岡文庫への喜捨とする。

二〇一七年九月

重松宗育

〈著者略歴〉
鈴木大拙（すずき　だいせつ）
仏教学者・宗教学者。1870（明治3）年石川県金沢市に生まれる。本名は貞太郎。東京帝国大学在学中に鎌倉円覚寺の今北洪川、釈宗演について参禅し、大拙の道号を受ける。97年渡米。1909年帰国後は学習院講師・教授、東京帝国大学講師となる。11年アメリカ人ビアトリス・レーンと結婚。21（大正10）年四高以来の親友西田幾多郎のすすめで真宗大谷大学に転じ、学内に東方仏教徒協会を設立、英文雑誌『イースタン・ブッディスト』創刊して海外に仏教や禅思想を広める。36年世界宗教大会に日本代表として出席。英国・米国の諸大学で「禅と日本文化」を講演。戦後46（昭和20）年蔵書をもとに鎌倉に松ヶ岡文庫を設立。49年日本学士院会員となり、文化勲章を受章。90歳を越えてもなお同文庫で研究生活をおくり、66（昭和41）年95歳没。主な著書に『禅と日本文化』『日本的霊性』『仏教の大意』『浄土系思想論』『妙好人』等はよく読まれ、『鈴木大拙全集　増補新版』全40巻がある。没後50年記念として『大拙と松ヶ岡文庫』（多摩美術大学美術館編、方丈堂出版/オクターブ、2017年）が刊行された。

〈編訳者略歴〉

重松宗育（しげまつ　そういく）
1943（昭和18）年静岡市生まれ。東京外国語大学卒業、京都大学大学院修士課程修了（英米文学修士）。静岡大学、関西医科大学教授を歴任。現在、静岡市臨済宗承元寺住職。欧米への禅の紹介に努め、主著は、英文著書として *A Zen Forest*（英訳禅林句集、1981年）、*A Zen Harvest*（英訳禅林世語集、88年）、*Sun at Midnight*（英訳夢窓疎石偈頌、89年）ほか、日本語著書として『大拙　禅を語る』（英語講演集、2006年）、啓蒙書として『星の王子さま　禅を語る』（13年）ほか多数。

常盤義伸（ときわ　ぎしん）
1925（大正14）年富山県高岡市生まれ。48年京都大学文学部卒業。73年花園大学教授、98年同大学名誉教授。主著は、『白隠』〈大乗仏教　中国・日本篇27〉（訳、中央公論社、1988年）、*Critical Sermons of the Zen Tradition Hisamatsu's Talks on Linji tr.* & ed.by Christopher Ives and Tokiwa G., Palgrave Macmillan 2002、『楞伽宝経四巻本の研究』〈梵英日漢４冊一部〉（私家版、03年）、『禅八講：鈴木大拙講演録』（角川学芸出版、11年）ほか多数。

鈴木大拙 コロンビア大学セミナー講義（上）

二〇一七年十一月二十日　初版第一刷発行

著　者　鈴木大拙
編訳者　重松宗育・常盤義伸
発行者　光本　稔
発　行　株式会社　方丈堂出版
京都市左京区一乗寺松原町三一－二
郵便番号　六〇一－一四二二
電話　〇七五－五七二－七五〇八
発　売　株式会社　オクターブ
京都市左京区一乗寺松原町三一－二
郵便番号　六〇六－八一五六
電話　〇七五－七〇八－七一六八

印刷・製本　亜細亜印刷株式会社

ISBN978-4-89231-164-2 C1015